INFLUYE Y CONVENCE

JUAN VIZUETE

INFLUYE Y CONVENCE

Estrategias para persuadir
y conseguir lo que te propongas

HarperCollins

Cualquier forma de reproducción, distribución, comunicación pública o transformación de esta obra solo puede ser realizada con la autorización de sus titulares, salvo excepción prevista por la ley.
Diríjase a CEDRO si necesita reproducir algún fragmento de esta obra.
www.conlicencia.com - Tels.: 91 702 19 70 / 93 272 04 47

Editado por HarperCollins Ibérica, S. A.
Avenida de Burgos, 8B - Planta 18
28036 Madrid

Influye y convence. Estrategias para persuadir y conseguir lo que te propongas
© 2024, Juan Manuel Vizuete Calafell
© 2024, para esta edición HarperCollins Ibérica, S. A.

Todos los derechos están reservados, incluidos los de reproducción total o parcial en cualquier formato o soporte.

Diseño de cubierta: Pedro Viejo
Imagen de cubierta: Shutterstock
Imágenes de interior: Dreamstime
Maquetación: Safekat
Fotografía de solapa: Facilitada por el autor

ISBN: 978-84-1064-057-3
Depósito legal: M-16951-2024
Impreso en España por Black Print

A todos los que creyeron en mí.
A mi familia.

Índice

Introducción 11

1. Vence tu miedo escénico 17
   El miedo es tu mayor aliado 17
   Las 5 técnicas para controlar el pánico escénico 25
   El truco de la gacela 36

2. Tú no importas, importa tu audiencia 41
   Somos unos egoístas 41
   La técnica del Cóctel 44
   Las tres preguntas de tu público 48
   Genera confianza en 7 segundos 55

3. Construye un mensaje persuasivo 67
   El argumento indestructible 68
   La técnica ARE 71
   Que no te engañen. Sesgos y falacias 78
   Framing. Míralo de esta manera 89

4. Convence con tu cuerpo 95
   Tu cuerpo es tu mensaje 96
   ¡Ese es mi sitio! Moverte al hablar en público 107

    La voz de la persuasión 113
    ¡Corrige esas muletillas! 122

5. Las emociones arrastran 127
    El sentimiento mueve, la razón mantiene 128
    Si te emocionas, convences 135
    Cuéntamelo otra vez, mamá 141

6. El método IREA 151

Epílogo 169

Ejercicios finales 171
    Ejercicios de postura y lenguaje corporal 171
    Ejercicios de voz y respiración 174
    Ejercicios de mensaje 178

Referencias bibliográficas por capítulos 181

Bibliografía general 183

Agradecimientos finales 189

Introducción

Me apuesto 500 € contigo ahora mismo. Si logras superar este reto, contacta conmigo y me encargaré de mandártelos.

¿Estás listo?

Descríbeme una silla, sí, una simple silla, como en la que probablemente estás ahora sentado. Pero debes hacerlo con la condición de no utilizar ningún tipo de comunicación: ni verbal, ni corporal, ni visual, ni plástica... Como es lógico, no puedes realizar esta tarea, es imposible. La única manera de transmitir una idea desde tu mente a la mía es a través de la comunicación. Y de eso va este libro que tienes en tus manos, de lograr comunicar nuestras metas, nuestros proyectos y nuestros objetivos por medio de una de esas formas de comunicación: la palabra.

En este momento podrías tener la mejor de las ideas, algo innovador que cambiaría tu vida y la de muchas personas que te rodean. Pero si no eres capaz de comunicarlo y, más importante aún, de transmitirlo de forma convincente, es como si no hubieses tenido esa idea nunca. Muchas grandes ideas se pierden porque la gente no es capaz de exponerlas de forma interesante.

Piensa en la cantidad de proyectos empresariales que no logran financiación o que no llegan a nacer porque no convencieron a nuevos inversores. O imagina la cantidad de discusiones que tenemos a lo largo del día, simplemente porque no sabemos explicar de forma atractiva nuestras ideas. La clave de la comunicación no consiste solo en hablar (eso se llama informar), sino en hacerlo de forma persuasiva y convincente.

Todo esto no se aplica en exclusiva a presentaciones en grandes empresas o discursos políticos ante cientos de personas. También hay influencia y persuasión en la discusión que tienes con tu familia para decidir qué película ver esta noche, en el pequeño enfado que tienes con tu pareja porque no ha hecho algo que debía, o en la forma de tratar diariamente a tus clientes para convencerlos de que eres la mejor opción del mercado. Así que cuando utilice términos como «público» o «audiencia», no solo pienses en un auditorio lleno de gente, sino también en tus conversaciones diarias y pequeñas reuniones de trabajo; en todos estos casos hay comunicación e intención de convencer.

Seguro que puedes pensar en las decenas de veces que tenías razón en alguna conversación con tus amigos o familia, pero no lograste convencerlos de que estabas en lo cierto. Por mucho que explicaste y argumentaste tu posición, decidieron hacer lo opuesto a lo que les habías aconsejado. Al final, terminaron equivocándose y a ti solo te quedó el premio de consolación al pensar «te lo dije» para tus adentros. ¿Por qué no pudiste convencerlos? ¿Cómo es posible que no te hicieran caso? Muy sencillo. No es porque no tuvieses razón, sino porque no lograste plantear tus ideas de forma llamativa y atractiva. No acertaste en las palabras adecuadas.

Eso es lo que puedes esperar de este libro: conseguir convencer con tus palabras e influir en las personas que te escuchan. Al pasar estas páginas irás adquiriendo los recursos esenciales para exponerte con seguridad ante un público, hablar de forma fluida y con emoción, usar tu cuerpo para reforzar tu mensaje y, en definitiva, persuadir a la audiencia de tus ideas.

Piensa que desde un gran analista de una «Big Four», hasta una persona que trabaja en el supermercado del barrio, un estudiante o un vendedor de coches, todos en nuestras vidas tenemos que hablar, influir y convencer. Este libro está enfocado a todas esas personas que quieren progresar a través de sus palabras.

Pero antes de explicarte las técnicas para persuadir a tu audiencia, quisiera romper una idea que seguramente tienes anclada en tu mente. Porque muchas personas —yo también lo pensaba— tienen una noción equivocada de la persuasión. De forma equivocada se suele creer que «persuadir» es sinónimo de engañar, de manipular o incluso de mentir. Nada más lejos de la realidad. La persuasión, la capacidad de convencer, es una valiosa herramienta y depende de cada uno el uso que vayamos a darle. Digamos que funciona igual que un cuchillo, puede ayudarte en tu cocina y servirte para crear platos espectaculares o, por el contrario, puedes usarlo para herir y dañar a las personas. El cuchillo no es bueno o malo, depende del uso que cada uno le demos.

Aún no lo sabes, pero acabo de usar la técnica del *framing* para convencerte. Ya hablaremos de ello.

Con la persuasión ocurre lo mismo. Las técnicas que aprenderás en este libro pueden servir para que defiendas tus ideas con sinceridad y logres convencer de aquello en lo que en verdad crees. O, de forma negativa, estas mismas estrategias podrían ser usadas para engañar y manipular a la audiencia llevándola a una decisión equivocada. La técnica es neutral, dependerá de ti si la usas para un fin positivo o uno oscuro.

¡Atención! Antes de que sientas la tentación de utilizar todo lo que te voy a contar para manipular a las personas…, te aviso de que ninguna mentira se sostiene en el tiempo. Ninguna. Y una vez descubrimos que nos han engañado, nunca más confiaremos en esa persona, no existe técnica ni método en el mundo para que volvamos a fiarnos de ese mentiroso. Como dice Warren Buffett, se necesitan veinte años para construir una reputación y tan solo cinco minutos para arruinarla. Y te garantizo que una vez arruinada, esa reputación es irreparable.

Es por eso por lo que este libro conlleva una experiencia doble. Cuando conozcas y practiques las siguientes técnicas de persuasión e influencia, no solo podrás utilizarlas para convencer de tus ideas, sino que podrás detectar cuando alguien las intente utilizar contigo para confundirte y engatusarte. Una vez aprendas y asimiles estas habilidades comunicativas, tendrás la capacidad de convencer con mayor facilidad y a la vez será mucho más difícil que vuelvan a engañarte.

> **Aprender a convencer también sirve para que no te engañen.**

Pero para lograr esto quiero un compromiso de tu parte. A lo largo de este libro te mandaré ejercicios para que vayas practicando todas las técnicas para hablar en público. Debes hacer estos ejercicios, sin excusas. La oratoria se aprende practicando y leer este libro te dará unas herramientas excelentes, pero eres tú quien debe ensayarlas y lograr interiorizarlas. Solo la práctica hace al maestro y la comunicación no es una excepción.

Por ello, es muy importante que realices los ejercicios —siempre que te sea posible—, solo así lograrás absorber todas las herramientas y llegarás a utilizarlas sin darte cuenta. Y si en algún punto te bloqueas o no logras avanzar, tienes mi contacto al final de este libro donde yo mismo resolveré todas tus dudas.

Además, he redactado este libro dirigiéndome directamente a ti, como si estuvieras presente en alguna de mis charlas o cursos. Por eso puede que la gramática no sea académicamente perfecta en algunos puntos, porque mi intención ha sido que tengas la sensación de que estamos conversando uno frente al otro.

Aprender a comunicar y convencer es similar a comenzar a practicar un deporte por primera vez. Al principio todos parecemos patos mareados, sin coordinación ni visión del juego. Es con la práctica constante y con el entrenamiento adecuado cuando logramos realizar los movimientos correctos sin tener que pensarlos, casi de forma involuntaria.

La comunicación persuasiva funciona del mismo modo. Al principio tendrás que centrar tus pensamientos en la mirada, el movimiento por el escenario, la conexión con tu audiencia, la respiración, la proyección de la voz…, y todo eso sin descuidar lo que dices y vigilar las reacciones del público. En un inicio parece una tarea imposible, pero con la práctica lograrás realizar todas esas acciones con éxito y sin tener que pensarlas. Usa este libro como un manual de entrenamiento para hablar y convencer a tu público, sea de una sola persona o cientos.

Así que prepárate. Este libro no está escrito simplemente para ojearlo, es un libro con el que entrenar de forma directa tu comunicación y lograr convencer con tus palabras.

Esto es solo el principio.

Quiero que veas este libro como el comienzo de tu camino, por eso te quiero dar acceso gratuito a mi correo semanal, desde donde te enviaré consejos y ejercicios de comunicación y persuasión para que puedas mejorar día tras día. De esta forma podrás acompañar estas páginas con toda la información que mando cada semana. Solo tienes que entrar aquí y apuntarte.

juanvizuete.com

¿Comenzamos?

1
Vence tu miedo escénico

El miedo es tu mayor aliado

Sudoración. Boca seca. Músculos tensos. Manos temblando sin control. Respiración acelerada. El corazón se te sale del pecho... Sí. Todo eso es lo que te ocurre cuando tienes miedo escénico. Incluso podría ser aún peor.

He visto casos de asistentes a mis cursos que no eran capaces de ponerse en pie cuando los llamaba para que saliesen a exponer ante el resto de la audiencia. He tenido alumnos en universidades que se echaban a llorar —literalmente— cuando estaban en el centro del escenario. Incluso presencié un caso de un terrible mareo que casi termina en desmayo mientras el ponente trataba de articular dos palabras.

El miedo escénico es paralizante. Impide que seas tú mismo y, en consecuencia, hace imposible que puedas llegar a comunicarte con tu audiencia. Es de los peores males que puede tener alguien que desea hablar en público, porque le imposibilita hacer lo más importante de la comunicación: empezar a hablar.

Debes saber una cosa. No estás solo. No estás sola.

Diversos estudios estiman que más del 75 % de la población sufre de miedo escénico. Tres de cada cuatro personas tienen alguno de esos síntomas que he descrito al principio, al exponerse ante una audiencia. Es una situación que todos hemos sentido alguna vez cuando hemos tenido que improvisar una intervención, dar una pequeña charla en el trabajo o incluso al hacer el brindis de una boda. Tanto es así que el miedo escénico tiene nombre propio: glosofobia.

Incluso hay grandes artistas que han sentido las punzadas del pánico escénico, el miedo a hablar en público o los simples nervios al estar ante una audiencia. La famosa cantante Pastora Soler se llegó a desmayar durante una actuación en Sevilla a causa de un pánico escénico sobrevenido. El cantante Robbie Williams detuvo toda una gira por un caso similar. Y podríamos seguir con personajes muy conocidos por todos como Adele, Rubén Doblas, el Rubius o, incluso, Marilyn Monroe, de la que se dice que padecía miedo escénico. La lista es interminable.

Yo mismo he tenido momentos así. Situaciones en las que no podía apenas respirar, se me cerraba la garganta y mi voz perdía la fuerza que suele tener cuando expongo ante una audiencia. Sí. Yo también tengo miedo escénico y entiendo lo terrible que es esa sensación de angustia.

Tengo dos noticias para ti. La primera no te va a gustar:

El miedo escénico no se cura. Nunca desaparece. Siempre vas a tener esos nervios, esa tensión en tu cuerpo cuando sales a hablar en público.

Pero la segunda es una muy buena noticia:

El miedo escénico es bueno. Es positivo. Si aprendes a usarlo a tu favor, se convertirá en tu mejor aliado para comunicar y convencer a tu audiencia.

De eso va este capítulo. Aquí no vas a descubrir las claves para eliminar el miedo escénico, ni te voy a prometer que a partir de ahora vas a salir al escenario sin ningún tipo de nervios. No te voy a vender humo.

Lo que sí te confirmo con total seguridad es que el miedo escénico se puede controlar y utilizar en tu beneficio. Y estoy convencido de ello porque lo he comprobado tanto conmigo mismo como con los asistentes a mis charlas. En este capítulo te voy a dar las herramientas para lograrlo y cómo debes aplicarlas tanto antes como durante tus presentaciones.

El primer paso para dominar los nervios al hablar en público es comprender qué es y cómo funciona el miedo.

Para definirlo con precisión, el miedo es una respuesta cerebral. Dentro del cerebro hay una región conocida como la amígdala, que se encuentra ligada a la regulación de emociones y a la supervivencia de los individuos. Cuando esta amígdala recibe un estímulo que percibe como una amenaza, se activa y libera las hormonas del estrés, la adrenalina y el cortisol.

Dicho de otro modo, cuando tu cerebro entiende que estás ante un peligro, prepara a todo tu cuerpo para defenderte o huir de esa amenaza. Por eso aumenta la respiración, para mandar oxígeno a los músculos, sube el ritmo cardíaco y te pone en un estado de alerta máxima. Tu cerebro, en concreto tu amígdala, te prepara para sobrevivir.

Piensa por un momento en cómo funciona el miedo en tu día a día. El temor a ser atropellado te hace mirar a ambos lados de la carretera antes de cruzar, por si viene un coche a toda velocidad. El recelo a quemarte hace que tengas especial cuidado de no poner la mano en el fuego mientras cocinas. Incluso también te sirve para prestar atención cuando pierdes a tu hijo de vista por un momento, afinando todos tus sentidos hasta que vuelves a verlo jugando en el columpio.

Si estas vivo ahora mismo, es gracias a que tienes miedo.

Por lo tanto, ya tenemos la primera conclusión. El miedo es natural. Es parte de nuestra evolución y no tenemos que despreciarlo. Al contario, debemos aprender a utilizarlo en nuestro beneficio.

Quiero que pienses en un combate de boxeo. Imagina que uno de los boxeadores se sube al *ring* sin miedo a que le peguen en la cara. Como es lógico, al no temer esos golpes, no se cubriría, no se defendería con sus brazos de los puños del otro boxeador. Si esto ocurriese, en menos de un minuto estaría «soñando» tumbado en la lona por KO técnico. Se acabó el combate.

El miedo te activa. El miedo es lo que te hace reaccionar, te mantiene alerta y atento. Cuando sales a dar una charla, esos nervios te pueden servir para moverte con energía por el escenario, para actuar rápido ante las reacciones de tu público, incluso para que pienses con más velocidad. Esa tensión que genera el miedo escénico te ayudará a hablar en público si aprendes a controlarlo y a usarlo a tu favor.

Toda esta reflexión no es solo mía, lo confirma la ciencia a través de varios estudios contrastados. Los nervios —en su justa medida— son buenos para el ser humano. Según la Ley Yerkes-Dodson, creada por los psicólogos Robert M. Yerkes y John D. Dodson, las especies animales, y más en concreto la humana, son más eficientes cuando están sometidas a cierto nivel de estrés. Según va subiendo esa cota de estrés, va aumentando el nivel de productividad del individuo. Pero esta ley tiene un límite, es un arma de doble filo.

Es cierto que existe un momento en que se cambian las tornas y se llega a un punto de inflexión. Cuando se somete a la persona a un nivel de estrés que no es capaz de gestionar, comienza a bloquearse y su eficiencia decae de forma exponencial. Ahí es donde nos vence el pánico escénico y perdemos las riendas sobre nosotros mismos, pero, mientras controlemos la situación, ese estrés es positivo.

Extrapola esto a cualquier aspecto de tu vida. Piensa, por ejemplo, en tu propio trabajo. Seguro que la mayoría de las veces eres más productivo cuando tienes una fecha límite para realizar una entrega y, cuanto más se acerca, más te concentras en ese encargo. De lo contrario, solemos procrastinar por pereza y dejamos esas tareas en la carpeta de «ya lo haré mañana». Ese estrés te hace crecer y esforzarte, igual que el generado por el miedo escénico.

Así que ya tenemos la segunda conclusión. El miedo, en su justa medida y bajo nuestro control, es tan útil como necesario. Esos nervios sirven para ser más eficientes y estar más activos tanto física como mentalmente.

Aprende a usar el miedo para que te sirva de aliado.

Ya sabes qué es y cómo se genera el «miedo». Pero no has venido a hablar del miedo como concepto general (para eso estarías leyendo un libro de psicología), tú quieres aprender a manejar el miedo escénico. Para lograrlo, solo nos falta responder a una última pregunta.

¿Por qué se genera el miedo escénico?

Este tipo de temor ocurre cuando estamos ante un público. Lógico. Si estás en tu casa ensayando un discurso y te quedas en blanco, no te da un brote de miedo escénico. Si estás solo en tu habitación grabándote una intervención y te equivocas, tampoco te sobresaltas ni te dan esos ataques de nervios.

El miedo escénico aparece al tener gente delante escuchándote. Y por una razón muy simple: porque le das importancia a lo que los demás opinan de ti. El pánico cuando hablas en público surge porque le das valor a la percepción que tienen las demás personas sobre ti mismo.

Te lo acabo de demostrar. Si estás solo, no te da miedo escénico porque no hay nadie juzgándote, no tienes a nadie atento a si te equivocas, si dices mal una palabra o si te quedas en blanco mientras hablas con tu audiencia. Sin público no hay miedo escénico.

De esto se concluye que tu cerebro considera como «peligroso» hablar ante un auditorio, sea este grande o pequeño. En ese momento, la amígdala se activa en modo supervivencia, pone en marcha el llamado «sistema simpático» y genera ese aumento de tensión y estrés que, en algunos casos, puede incluso llegar a bloquearte. Tu cerebro percibe al público como algo potencialmente dañino, como una amenaza.

El miedo escénico ocurre porque tu cerebro se pone en modo supervivencia.

Ahora te voy a lanzar una pregunta que es probable que no te hayas planteado nunca: ¿cuánto es «público»?

Si estás ante una audiencia de cien personas, ahí por supuesto podríamos hablar de que hay un «público» delante de ti, pero si reducimos toda esa gente a diez personas, ¿sigue siendo público? Y si lo dejamos en tres, ¿también eso es público? La respuesta es sí.

Con que haya una sola persona escuchándote ya estás comunicando ante un público.

Y antes de que me digas que a ti no te genera miedo hablar ante una única persona, imagina que ese oyente es tu jefe exigiéndote que le expliques el balance de tu último mes, o el profesor universitario haciéndote un examen de la carrera, o quien realiza una entrevista psicotécnica a un aspirante a policía o bombero…, ¿sigues sin ponerte nervioso ante esa única persona? Lo dudo.

Consideramos público a toda persona que esté escuchándote, con independencia del número y de la circunstancia. Es más, cuando estás hablando con tus amigos en un bar, en el momento en el que hablas ellos son tu público, y a la vez tú te conviertes en el suyo cuando ellos tienen la palabra.

Por lo tanto, el miedo escénico puede aparecer en cualquier momento, tanto si estás ante una gran audiencia como si hablas ante una única persona. Tanto si estás de pie en un escenario o sentado enfrente de la mesa de tu oyente. No es algo exclusivo de las grandes audiencias, sino que está presente en tu día a día y por eso es tan importante dominarlo.

Y ahora me dirás: «Todo esto está muy bien. Pero ¿de qué me sirve para controlar mi miedo escénico?».

Muy sencillo. El primer paso para superar una dificultad es entenderla y comprender cómo actúa, así como las razones por las que aparece. Ya has desmitificado el miedo, porque ahora sabes que es tan natural como necesario. Es parte de nuestro ADN evolutivo y, en dosis controladas, sirve para ser más eficiente e incluso hablar mejor en público. Además, ahora ya entiendes que este nerviosismo surge de dar valor a lo que los demás opinan de ti. No es algo intrínseco a ti, sino que aparece por dar importancia a la opinión ajena, ya sea de una única persona o de un gran público.

Te parecerá poco, pero comprender estos sencillos elementos son la puerta de entrada para controlar el miedo a hablar en público.

Como te prometí, ahora vamos a ver las herramientas que debes utilizar para controlarlo y convertirlo en tu aliado.

LAS 5 TÉCNICAS PARA CONTROLAR EL PÁNICO ESCÉNICO

Técnica 1. El miedo se ancla en el desconocimiento

Sitúate en un momento de tu pasado, cuando tenías exámenes en el colegio o instituto. Recuerda ese momento de tensión antes de que te entregasen la hoja donde estaban las temidas preguntas. Sabías que, dependiendo de las preguntas que había elegido el profesor, tenías muchas más opciones de aprobar o suspender.

El profesor iba repartiendo los exámenes a los compañeros que estaban sentados delante de ti. Veías sus caras, sus movimientos temblorosos, sus expresiones de alegría o derrota..., y todo mientras seguía acercándose tu turno.

Seguro que aún recuerdas esa inquietud, esos momentos con el estómago revuelto, con sudoración, con tensión en cada fibra de tus músculos. Yo tengo esos nervios grabados a fuego en mis recuerdos del instituto.

Ahora imagina esa misma situación, ocurriendo de igual forma, pero el profesor antes de repartir el examen a la clase dice: «Queridos alumnos, hoy me ha tocado la lotería, da igual lo que respondáis en la prueba, todos tenéis un 10 pongáis lo que pongáis».

¿Tendrías tensión antes de recibir el examen? ¿Estarías con los mismos nervios que la primera vez? Es lógico que no, porque ya sabes lo que va a ocurrir, ya conoces el resultado.

El miedo a hablar en público funciona de forma muy parecida. Si yo pudiera científicamente predecir el futuro y mostrarte que tu próxima presentación en el trabajo va a ser perfecta, que va a tener tanto éxito que te ascenderán y subirán el sueldo, seguro que no tendrías miedo escénico. O, por lo menos, tendrías mucha menos tensión que si no supieras el resultado de antemano.

Con esto te quiero mostrar que el miedo escénico surge de la incertidumbre, de no saber qué va a ocurrir durante tu charla. Desconoces qué preguntas te van a hacer, no sabes si te vas a quedar en blanco o a equivocarte, incluso puede que ignores hasta cómo es la sala y la disposición de las personas.

Todo ese desconocimiento son pilares donde se apuntala el pánico escénico.

La solución es muy sencilla. Despeja las incógnitas y prepara tu intervención lo mejor que puedas. Si ya sabes que el miedo se ancla en el desconocimiento, el remedio es «conocer» todo lo que pueda intervenir en tu charla.

La primera incógnita que puedes resolver es la que depende de ti, tu presentación. Debes estudiarla y aprendértela al máximo. El paso previo para salir a exponer es saber qué quieres decir en cada momento, qué posibles preguntas puede generar en tu público y cuál es el resultado que esperas obtener al finalizar.

No sabes si la sala es la más adecuada, si la audiencia tiene un mal día o si va a ocurrir algún tipo de accidente. Lo que sí puedes conocer a la perfección es tu exposición y lo que pretendes lograr con ella.

> **Estudia al máximo tu exposición para dominar el miedo escénico.**

Técnica 2. Prevé lo imprevisible

Puede parecer una paradoja «prevenir lo imprevisible», pero es fundamental para frenar el miedo escénico y, además, está muy relacionado con la técnica anterior.

Ponte en la siguiente situación: estás dando una charla perfecta, la audiencia está completamente volcada contigo, sus ojos te miran con atención y estás disfrutando de cada palabra que dices…, y, de golpe, la proyección de tu presentación se interrumpe, da un error fatal y se apaga. Tratas de arrancar de nuevo el ordenador, pero no funciona y comienzas a ver a la gente moviéndose incómoda en sus asientos. Te disculpas y lo intentas encender de nuevo. Nada. Ha muerto.

Entonces te ves indefenso ante mil ojos que te juzgan. Lo que antes eran caras de admiración, ahora son cejas levantadas y cabezas diciendo que no. Notas que te tiembla la voz, empiezas a sudar y el corazón es una locomotora desbocada. En ese momento, solo se te ocurren un par de frases improvisadas para cerrar tu charla, con el fin de lograr unos tímidos aplausos de un grupo que tenías enamorado por completo hace apenas unos minutos.

La culpa de lo que ha ocurrido ahí no es del público, ni del ordenador, ni siquiera de los organizadores de la sala. Lo siento, pero tengo que decirte que el único responsable de ese terrible resultado eres tú mismo. No previste los posibles imprevistos.

Antes de dar una charla, piensa en todo, repito, en todo, lo que puede salir mal. Hazte una lista si es necesario y ponte en todos los supuestos imaginables. Y ahora busca una solución para cada uno de ellos.

Y antes de que me digas que es una labor enorme y complicada, la mayoría de las veces la solución es tan sencilla como llevar tu presentación guardada en varios formatos o tener tu discurso impreso dos veces.

Te voy a contar algo que me ocurrió y que, hasta hoy, sabe muy poca gente.

Hace unos años me pidieron ser padrino de promoción de mi antiguo colegio. Para mí era todo un honor y me preparé un discurso motivacional para los alumnos que abandonaban el colegio para dirigirse, en su mayoría, a la universidad. Lo redacté, estudié y ensayé muchas veces para asegurarme de que era perfecto.

La dirección del colegio me pidió que les mandara el discurso porque ellos se encargaban de imprimirlo y colocarlo en el atril, así los distintos ponentes no teníamos que estar sacando papeles y liándonos entre nosotros.

Llegó el día de la celebración y el colegio estaba lleno de padres y alumnos emocionados por el momento. El acto comienza con el discurso de la directora del centro y, al finalizar, me da paso anunciando mi nombre desde el atril. Mientras me levanto, noto algo extraño en la cara de la directora, su rostro se tensa, empieza a buscar con nervios entre los papeles y, con una expresión de terror, me mira negando con la cabeza. Mi discurso se había traspapelado y perdido.

En ese momento sonrío para mis adentros. Abro la americana de mi traje y saco bien doblada una copia de mi discurso. Lo coloco en el atril y comienzo a declamarlo (así se llama formalmente al acto de leer un discurso) con total tranquilidad. Finalizo entre los aplausos de los alumnos y padres, sabiendo que nadie se había dado cuenta del error. Al acabar el acto, la directora me dio un abrazo, me pidió mil disculpas y me agradeció enormemente que hubiese sido tan previsor.

Salvo un terremoto, una amenaza de bomba o que se caiga el techo de la sala donde das la conferencia, todo puede preverse y solucionarse. Quitando casos extremos donde la charla debe ser anulada, siempre hay un remedio posible, siempre hay una opción para poder seguir hablando.

Piensa en todos los posibles imprevistos y ponles solución. Eso te dará seguridad en ti mismo y, en caso de ocurrir un inconveniente, quedarás como un auténtico profesional ante tu audiencia al ponerle solución de inmediato.

¡Ah! Y sobre el ejemplo del inicio. Si algún día se cuelga tu ordenador, asegúrate de llevar la presentación en tu teléfono móvil. Es verdad que los asistentes no podrán verla, pero tú seguirás teniendo tu apoyo visual para continuar la conferencia y, como mínimo, salvar los muebles.

Como dice uno de los mejores grupos musicales de la historia: *The Show Must Go On*.

Técnica 3. Céntrate en tu objetivo

¿Te imaginas a Rafa Nadal o a Carlos Alcaraz a punto de sacar y que estén pensando «hoy voy a cenar albóndigas»? Claro que no. Están centrados en su juego, en su rival, en dónde les pueden restar y qué golpe deben realizar para ganar el punto. En resumen, están centrados en su objetivo, en el juego.

Pues de esta misma forma debes actuar en tus charlas y presentaciones. Debes centrar todos tus pensamientos en ti, en cómo estás hablando, dónde estás situado en el escenario, en tu mirada, en cómo estás moviendo tus manos…, en definitiva, debes centrarte en tu objetivo.

Recuerda que una de las conclusiones a las que llegamos con el miedo escénico es que este surge de dar importancia a lo que opinan los demás de ti. Es la incertidumbre por no saber lo que piensa tu audiencia la que te genera esa tensión que puede llegar incluso a bloquearte. Si estás hablando en público y te empiezas a centrar en el qué dirá y qué pensará tu público, el bloqueo por miedo escénico está asegurado.

Nadal y Alcaraz solo piensan en la bola, la pista y ganar a su rival. Todo lo demás, lo ajeno a ese momento del juego, queda para después, por eso son ganadores. Sabiendo esto, solo tienes que imitarlos y centrarte en tu exposición, en aquello que depende de ti. Y si en algún momento piensas en tu audiencia, que sea de forma positiva, intentando conectar con ella para que sea parte de tu intervención y entienda tu mensaje a la perfección.

No digo que olvides a tu público y hables como si no tuvieras a nadie delante. Es muy importante hacer partícipes a las personas que te están escuchando, preguntándoles y aclarando partes de tu presentación, si percibes en sus caras que algo no ha quedado del todo claro. Pero esto es fijarte en la audiencia de forma efectiva, buscando mejorar y no anclándote en pensamientos tóxicos.

Por lo tanto, destierra por completo todas esas ideas negativas sobre si tu público te está juzgando o si vas a equivocarte y hacer el ridículo. Es cierto que muchas veces esos pensamientos nocivos aparecen sin que nosotros queramos, por eso la técnica para eliminarlos es proyectar toda tu concentración en el momento presente, en tu objetivo. Pon el foco de atención en tu voz, mensaje y cuerpo para no dar espacio a los pensamientos limitantes.

Céntrate en el presente para vencer el miedo a hablar en público.

Técnica 4. ¡Sonríe!

Salvo que seas el encargado de decir unas solemnes palabras en un velatorio, trata de sonreír siempre que sea posible. Quizá te sorprenda, pero la sonrisa es de las mejores herramientas que existen para controlar el miedo escénico.

Sí. Has leído bien. Aparte de todos los beneficios persuasivos que tiene la sonrisa (que veremos más adelante), es una increíble barrera para frenar el miedo escénico. Esto es porque nuestra sonrisa no solo afecta a la audiencia que nos observa, sino que también nos afecta a nosotros mismos, a nuestro estado anímico.

¿Recuerdas que el miedo genera las hormonas de adrenalina y cortisol, que aumentan nuestro ritmo cardíaco? Ese aumento de ritmo cardíaco es el que nos obliga a respirar más rápido, aumentar la sudoración y tensionar nuestros músculos. La solución a todo eso está en tu sonrisa.

Un estudio de la Universidad de Kansas refleja que forzarnos a sonreír (aun sin motivo) influye de forma directa sobre nuestro cuerpo. A varios grupos de personas se los obligó a realizar tareas que generaban estrés. A uno de esos grupos se les puso unos palillos chinos en la boca para que los apretaran, obligándolos a sonreír mientras hacían los ejercicios. Pruébalo tú mismo, busca un lápiz y póntelo de forma horizontal en la boca, al apretarlo verás que tu cara hace el efecto de sonreír. Se comprobó que los participantes con los palillos en la boca, que los obligaban a forzar una sonrisa, realizaban las acciones estresantes con una menor frecuencia cardíaca que quienes no sonreían. En resumen, sonreír relaja.

Este estudio, junto con otros del sector, deja claro que la sonrisa tiene una gran efectividad a la hora de controlar nuestro propio estado de ánimo. La sonrisa no solo es útil para generar una mayor conexión social con nuestra audiencia, sino que también reduce nuestro estrés, ya que afecta a nuestra frecuencia cardíaca y nerviosismo. Dicho de otro modo:

Sonreír sirve para controlar el pánico escénico.

Técnica 5. Inspira, espira…

La sonrisa no es el único mecanismo para volver a tomar el control sobre tu cuerpo en una situación de tensión. Ya sabes, porque lo habrás notado al hablar en público, que los nervios se manifiestan en esa respiración rápida, el corazón acelerado, la sudoración, sequedad en la boca...

Tú no puedes ordenarle al corazón que vaya más lento, ni tampoco puedes pedirle a tu cerebro que mande más saliva a la boca y menos transpiración a tus glándulas sudoríparas. Tu propio cuerpo manda de forma involuntaria sobre esas acciones, quieras tú o no. Solo puedes influir en una de esas actividades corporales: la respiración.

Respirar es esencial cuando hablas en público, primero para no fallecer por falta de oxígeno, lógico. Segundo, la respiración sirve para proyectar nuestra voz, para activar nuestro aparato fonador y, sí, también para controlar el miedo escénico.

Es lógico pensar que sabes respirar, de lo contrario no estarías leyendo esto, pero una cosa es saber respirar y otra bien distinta es hacerlo de forma correcta.

Ocurre que respirar es como andar. Lo haces de forma involuntaria, sin darte cuenta de si la técnica es correcta o no. Por eso, lo primero que corrige un fisioterapeuta o un médico especializado en problemas en las rodillas o cadera es la forma de andar. Porque todo el mundo sabe andar, cuestión distinta es que se haga de forma correcta.

Te propongo un ejercicio para mejorar la respiración. Es importante que realices las acciones que te voy a decir en el siguiente orden, no pases de párrafo sin haberlas hecho correctamente. También es preferible que las realices tumbado o de pie, pero no estando sentado.

1) Cierra los ojos y haz una respiración profunda. Toma aire de forma lenta por la nariz y expúlsalo por la boca. Fíjate en qué parte de tu cuerpo se hincha.
2) ¿Qué parte se ha inflado? La mayoría de las veces, la parte con la que cogemos aire es la parte superior del pecho, moviendo las clavículas hacia arriba. Vuelve a respirar como antes y comprueba si estás moviendo esa zona del cuerpo o cualquier otra.
3) Acabas de ganar conciencia respiratoria, ya sabes «dónde respira» tu cuerpo. El siguiente paso es aprender a hacerlo con corrección. Coloca una mano justo por debajo de tu cuello, en la parte superior del pecho, y la otra mano sitúala unos centímetros por encima del ombligo y debajo del esternón, entre las costillas flotantes. Ahora respira tratando de que la mano de la barriga se mueva y la del pecho quede quieta. Respira lento, enviando el aire a la parte baja de tus pulmones.
4) Haz esta respiración varias veces, despacio. Tratando siempre de hinchar la barriga, mientras mueves lo menos posible la parte superior del pecho.

Acabas de aprender a respirar con el diafragma y, en consecuencia, con la parte inferior de los pulmones. En esta zona cabe más oxígeno, lo que te permite tener más flujo de aire y proyectar más la voz, además de relajar tu cuerpo con inhalaciones más largas y pausadas. Al principio te costará, pero concéntrate en respirar así en tu día a día. Llegará un momento en que interiorizarás esta manera de respirar y lo realizarás sin ser consciente de ello. Respirarás de forma correcta.

Antes de salir a hablar en público, retírate en privado unos segundos y realiza unas cuantas respiraciones así, tomando conciencia tanto de tu cadencia como de tu postura. Si en algún momento durante tu charla sientes estrés o nervios, también puedes centrarte en esta respiración unos segundos. Enseguida notarás cómo tu cuerpo se calma y se relaja.

Si respiras bien, controlas tu miedo escénico.

El truco de la gacela

Es un domingo a las cuatro de la tarde. Estás tranquilo tumbado en el sofá, durante la maravillosa hora de la siesta. En la televisión ponen uno de esos soporíferos documentales sobre animales y aparece la típica escena del león persiguiendo a la gacela. La gacela no hace más que huir y fintar al león para no caer en sus garras.

En ese instante ocurre algo insólito. Cuando el león está a punto de alcanzarla, la gacela se detiene a beber agua. Absurdo, ¿cierto? El león usaría ese momento de descanso de su presa para servirse la cena.

Como es lógico, eso no ocurre nunca. Cuando hay un peligro inminente para su vida, ningún animal se detendría a beber agua o a comer, porque el riesgo que eso entraña es mayor que la sed o el hambre. Como ya se ha dicho, en esos casos de riesgo extremo, el cerebro, a través de la amígdala, activa el sistema nervioso simpático, lo que anula el resto de las funciones innecesarias en ese instante porque no importa otra cosa que sobrevivir. Los niveles de adrenalina y cortisol rebosan en el cerebro para tener una opción de huida ante el depredador.

¿Ya has visto la conexión?

Cuando tu cerebro tiene miedo escénico es porque percibe como si en realidad hubiese un peligro delante de ti, un verdadero riesgo para tu integridad. Por eso dispara la adrenalina y el cortisol en tu cuerpo, para que puedas huir o defenderte del voraz depredador que te amenaza. Tú eres la gacela y el auditorio es el terrible león.

Y todo esto ocurre, aunque la realidad sea distinta, porque tú sabes que no hay un depredador delante de ti. Simplemente hay un escenario y un grupo de personas mirándote, nada más. Pero tu cerebro social, por miedo al ridículo y al fracaso, te prepara de la misma forma que si fueras una gacela perseguida por un león.

La solución para calmar tu cerebro es enviarle un mensaje inverso y decirle que se relaje porque no existe un peligro inminente, no hay un depredador al acecho entre las butacas del público. Y eso se hace de una manera muy sencilla: bebiendo agua.

Al tomar agua envías un mensaje a tu cerebro y le dices: «Fíjate que no hay ningún peligro, que puedo detenerme a beber agua». De forma automática, el cerebro reduce ese estrés en tu cuerpo y se calma.

Ingerir agua antes de hablar en público tiene un gran impacto positivo porque te aclara la garganta, te refresca (reduciendo la temperatura corporal) e hidrata tu cuerpo, algo fundamental para que el cerebro funcione de forma correcta. Y, además de todos esos beneficios fisiológicos, beber consigue calmar y equilibrar tus niveles de estrés.

Por todo ello, antes de salir a hablar en público, bebe siempre un poco de agua, tanto por sus beneficios físicos como psicológicos.

RESUMEN DE LAS TÉCNICAS

1. El miedo se ancla en el desconocimiento: estudia bien tu presentación. Ten perfectamente claro qué quieres decir y qué quieres conseguir de tu público.
2. Prevé los imprevistos: piensa en los posibles inconvenientes que pueden ocurrirte y búscales solución. Si controlas la situación, dominas tu miedo escénico.
3. Céntrate en tu objetivo: lo único que importa eres tú, tu presentación y conectar con la audiencia. Evita los pensamientos negativos. Imita a los deportistas de élite.

> 4. ¡Sonríe! La sonrisa sirve tanto externa como internamente. Sonreír te relaja y reduce tus niveles de estrés.
> 5. La clave es respirar: respira de forma correcta para reducir tu ritmo cardíaco y tener una mayor proyección en la voz.

Bonus: bebe agua para reducir los niveles de adrenalina y cortisol. Utiliza la «técnica de la gacela» para dominar tus nervios al hablar en público.

2
TÚ NO IMPORTAS, IMPORTA TU AUDIENCIA

Somos unos egoístas

Siento mucho empezar este capítulo con tanta dureza, pero alguien tenía que decírtelo: no le importas a la gente.

Salvo que seas una figura icónica, alguien tan famoso que solo con tu nombre logres atraer a cientos de personas y medios de comunicación, el público no va a quedarse escuchándote durante varias horas si no le das algo a cambio. Hasta que te conviertas en Elon Musk, Leonardo DiCaprio, Amancio Ortega o Taylor Swift, tu «reputación» le importará poco o nada al público que tienes delante. Esto es porque eres un desconocido (al menos todavía).

Incluso si llegas a convertirte en uno de esos nombres que trascienden fronteras y océanos, que con tan solo anunciarte llenas congresos enteros, el público no te prestará atención hasta que le ofrezcas algo que ansía, algo que conseguirá que esté atento a cada uno de los minutos de tu charla: contenido de valor.

Imagina que el propio Barack Obama, conocido por su elocuencia, da una conferencia, pero comete el error de no ajustar el tema a los intereses de la audiencia. Aunque es probable que nadie se levantase por cortesía, puedo asegurar que sus mentes estarían en otro lugar. Su comunicación podría ser impecable, pero no lograría conectar con las necesidades de los asistentes.

Esto ocurre porque somos unos egoístas. Esa es la realidad. No nos gusta entregar nuestro tiempo de forma gratuita ni a la ligera. Si no recibimos un contenido que nos interese y aporte soluciones a nuestros problemas, tendemos a desconectar por completo de la conversación o charla.

El mayor ejemplo de que no regalamos nuestro tiempo es la cantidad de personas que suben contenido en redes sociales y, sin embargo, no consiguen crecer en audiencia. Se esfuerzan, crean vídeos con luces, cambios de letras, *stickers* y transiciones..., pero el mensaje no está enfocado a atraer a los demás. Hablan para escucharse ellos mismos.

He observado esto mismo en muchas charlas a las que he asistido. Aparece un ponente motivadísimo que comienza a hablar de lo que él ha logrado, de lo que él cree que debe hacerse y de lo que él opina sobre determinado tema. Y mientras el orador sigue con su charla, desde mi asiento veo cómo van apareciendo pantallas de móviles entre el público, pequeñas conversaciones e incluso algún atrevido opta por levantarse y marcharse.

El problema surge cuando el orador se coloca a sí mismo como el «centro del universo» durante su intervención. Estos *speakers*, mientras preparan la charla, se centran en explicar aquello que les gustaría escuchar si estuviesen sentados entre el público, pero no son conscientes del grave error del que proviene ese razonamiento. Ellos no son parte de la audiencia, sino que están hablando, son los oradores. Es el público quien está escuchando.

Analiza este mismo libro. Yo soy un apasionado de la oratoria y retórica clásica. Me encantaría hablarte de las vicisitudes que tuvo Demóstenes para ser el mayor orador de la historia, de cómo Cicerón se batía en duelos dialécticos con Catilina en el Senado de Roma o de los grandes escritos donde Aristóteles dejó establecidas las bases de toda la argumentación y publicidad actual.

Pero ese es el libro que me gustaría leer a mí, TÚ has comprado este libro para mejorar tu comunicación, enfrentarte al miedo escénico, lograr hablar en público con soltura y, en definitiva, convencer e influir con tus palabras.

Este libro lo he escrito pensando en ti, no en mí.

Si hubiese comenzado hablándote de los tópicos del *Órganon* de Aristóteles, habrías cerrado el libro en la segunda página. Por eso he reunido todos mis conocimientos y los he enfocado a lo que tú necesitas, a lo que tú estás buscando cuando lees estas líneas.

Siguiendo esta misma técnica, cuando salgas a dar una charla o simplemente a convencer a una sola persona, piensa qué está buscando esa audiencia en tus palabras, qué motivo tiene para invertir su valioso tiempo en escucharte. Esa es la clave para conseguir que presten atención a lo que dices: aportarles lo que están buscando.

¡Ojo! Con esto no quiero decir que hagas como los políticos populistas y le des a tu audiencia simplemente lo que quiere oír. No. A la larga eso te convertiría en lo que los consultores en comunicación llamamos «vendehúmos» y las personas terminarían por no fiarse de ti. Recuerda que la reputación tarda mucho en construirse, pero muy poco en derrumbarse.

Para ser un gran ponente y tener éxito en tus presentaciones, debes dar un contenido de valor. Veamos qué es eso a través de una sencilla estrategia.

La técnica del Cóctel

Un contenido de valor es aquel que tiene un fundamento detrás, que se sustenta sobre una base racional y que tiene en cuenta tanto las emociones como las aspiraciones de la audiencia. Por continuar con el ejemplo de este libro, aquí expongo diversas técnicas que puedes utilizar para dominar el miedo escénico. Y todo eso lo apoyo con experiencias personales, conocimientos adquiridos y estudios científicos contrastados.

Eso es contenido de valor.

No te estoy dando unos simples consejos atractivos envueltos en palabras seductoras. No. Estoy aportándote un contenido que tiene un sentido, una utilidad real. Por ello, cuando estés preparando tu próxima intervención, es importante que trates de establecer con claridad qué beneficios está recibiendo la audiencia a cambio de la atención que pone en ti.

Una vez entendido el concepto de contenido de valor, este puede dividirse en tres variantes distintas:

Contenido para entretener: un monólogo, un espectáculo de magia, una charla con amigos hablando de vuestra vida y muchos canales de *youtubers*..., todo ese contenido tiene un único objetivo: distraer y agradar. Es un tipo de formato muy utilizado en redes sociales y en los programas de televisión y, más en concreto, en los *realities*. Su función principal es abstraer la mente de los problemas diarios para desconectar y disfrutar del contenido.

Contenido para motivar/emocionar: este tipo de temas son muy utilizados en charlas motivacionales, en libros de crecimiento personal y en muchos de los pódcast actuales. Se busca generar una emoción fuerte en la audiencia, un cambio interno que termine produciendo efectos en el comportamiento de los oyentes. Es un contenido que engancha mucho porque te hace sentir capaz de alcanzar los objetivos de tu vida.

Contenido para educar: desde el colegio hasta la universidad, durante nuestra vida recibimos contenido educativo de forma constante. En realidad, este contenido es el más importante, porque nos enseña las herramientas necesarias para crecer en nuestra vida, profesión o negocio. Por ejemplo, la carrera de Derecho que cursé es un contenido educativo.

¿La clave para que tu charla sea interesante e influyente? Muy sencillo. Usa los tres tipos de contenido de forma equilibrada.

El secreto es utilizarlos de forma equilibrada. Como en un cóctel de tres ingredientes, el barman (orador) tiene que mezclarlos y balancearlos para que salga un combinado perfecto.

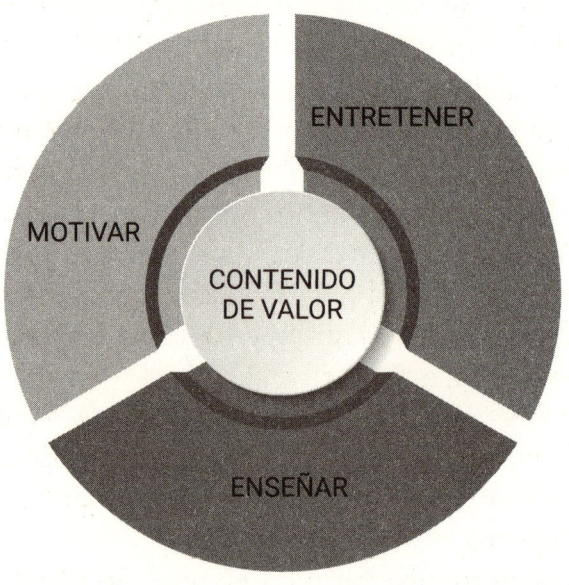

Si solo tratas de educar a tu audiencia, el concepto será aburrido y sin emoción. Es posible que te escuchen aquellas personas a las que les apasione el tema que tratas, pero, excluyendo a esos oyentes, no te prestará atención nadie más. Por otro lado, es muy fácil parecer un sabelotodo si únicamente buscamos enseñar algo a nuestra audiencia, como si fuéramos anticuados catedráticos que solo quieren oír sus propias palabras.

Si, por otro lado, tu intención es solo entretener a tus oyentes, tus intervenciones tendrán una gran falta de valor. Serás uno de esos «vendehúmos» que hablan mucho pero no dicen nada. Ese tipo de formato está bien si te dedicas en exclusiva al sector del entretenimiento, pero si quieres dejar huella en las personas que te entregan su tiempo y atención, este formato se te quedará corto.

Para finalizar, si tu mensaje se centra solo en el formato inspiracional, sin duda tienes buenas intenciones y buscas generar un cambio en tu audiencia, pero no le estás dando las herramientas para lograrlo. Seguro que conoces el refrán chino de «Dale un pez a un hombre y comerá hoy. Enséñale a pescar y comerá el resto de su vida». Este tipo de contenido da peces, pero no enseña a pescar.

Quienes aúnan todos ellos utilizan la **técnica del Cóctel**: muestran un contenido educativo, de una forma atractiva y que además puede cambiar tu vida en algún aspecto.

Por ponerte un ejemplo personal, en mis redes sociales siempre trato de combinar esos tres elementos: enseño una técnica comunicativa (educación), intento hacerlo de forma distendida (entretenimiento) y te digo cómo aplicarlo en tu vida para lograr un objetivo (motivación). Y esa misma fórmula es la que estoy siguiendo para escribir este libro.

Y si has llegado hasta aquí, será porque funciona.

Las tres preguntas de tu público

Ya sabes que debes conectar con tu audiencia, adaptando tu mensaje y tus conocimientos a lo que buscan los oyentes. Esa es la única manera de poder conectar de forma sincera y convencerlos con un contenido de valor. La gran duda es: ¿cómo se hace eso?, ¿cómo puedes lograr generar vínculos con tu audiencia?

Muy sencillo. Antes de comenzar, mientras preparas la intervención, responde a estas tres preguntas:

¿Qué es lo más importante para mi audiencia?

Para saber qué le importa a tu audiencia, el primer paso es estudiarla y analizarla. Debes saber cuáles son sus «lugares comunes», esto es, aquello que los une y los hace semejantes. Por ejemplo, ya solo por el hecho de estar leyendo este libro puedo adivinar varios elementos de tu persona.

Al adquirir este ejemplar puedo deducir que te interesa la comunicación y la oratoria persuasiva. Puedo intuir que quieres mejorar tus habilidades comunicativas para crecer en el aspecto personal y laboral.

También se puede concluir que eres de habla hispana (este libro aún no se ha publicado en otro idioma), por lo que es probable que vivas o hayas vivido en España o Hispanoamérica. Y me atrevería a decir que este no es el primer contenido sobre cómo hablar en público que consumes; seguramente ya has visto varios vídeos e incluso puede ser que me estés siguiendo en redes sociales.

Toda esta información la tengo sin conocerte en absoluto, solo porque has comprado este libro.

Este ejercicio tan simple de análisis es lo que debes hacer antes de exponerte a hablar ante un público. Ya sean cien personas o solo tres, busca cuáles son esos elementos en común entre tu audiencia, porque ahí está lo que le importa en realidad. Mientras planificas y estructuras tu intervención, debes enfocarte siempre en que la audiencia obtenga lo que está buscando de ti y de tus conocimientos.

Infórmate de qué edad tienen, en qué sector trabajan, si tienen familia, si están de viaje o son de la ciudad y, lo más importante, qué beneficio esperan sacar de esa charla contigo. Esto último es fundamental, lo más importante para conectar con ellos.

Si vas a hablar con tu jefe, cuestiónate qué le importa, qué le motiva a «perder» su tiempo hablando contigo. La misma pregunta debes hacerte cuando des una pequeña exposición en tu trabajo o en clase. Y de la misma forma debes hacer cuando hables con un posible cliente o inversor.

Es cierto que en muchas ocasiones no tendrás una información detallada porque no hay un contacto previo con el público. Incluso puede ocurrir que entrarás a hablar con una audiencia sin tener ningún conocimiento sobre ella. En esos casos solo tienes que hacer una cosa: preguntarles.

Imita a los grandes vendedores, que suelen ser muy buenos comunicadores. La acción que más realizan con sus clientes es preguntar. La persona que pregunta es la que domina la conversación, ya que la enmarca y obtiene toda la información que desea. Muchas veces la gente cree que la conversación la gana aquel que más tiempo habla, eso es un error. El vencedor de una conversación siempre suele ser el que más cuestiona.

Pregunta para ser el que domina la conversación.

Cuestionar y preguntar logra que el interlocutor muestre los datos sobre sí mismo que necesitas para convencerle. Es como si en una partida de póker, el contrario te fuera revelando sus cartas; eso te da la información necesaria para saber hacer tu siguiente jugada.

Por ejemplo, cuando una persona quiere contratarme para una asesoría privada, siempre le mando un cuestionario con preguntas sobre su trabajo, cuántas veces habla en público, qué retos más importantes tiene en su vida laboral, qué fallos comunicativos se autodetecta y qué le gustaría lograr con esas consultorías personales.

Y a partir de ahí me pongo a trabajar, nunca antes.

Desde ese momento es posible trazar una estrategia para mejorar lo que esa persona necesita para corregir sus errores comunicativos. En lugar de explicarle conceptos amplios de comunicación, voy de forma directa y precisa a los consejos que necesita para alcanzar sus objetivos. Muchos clientes me han agradecido esta forma de actuar con ellos, ya que sienten que no están perdiendo ni su tiempo ni su dinero. Esta misma estrategia es la que debes usar a partir de ahora con tus intervenciones y con tu público.

Recuerda esta máxima: para saber, primero tienes que preguntar.

¿Cómo puedo conectar con los asistentes?

Ahora ya conoces a tu audiencia, tienes localizados esos «lugares comunes» que comparten entre ellos y sabes qué buscan obtener a cambio de gastar tanto su tiempo como sus recursos en escucharte.

Fantástico. Ya tienes todo lo necesario para conectar con tu público, sea este una persona, diez o cien.

El siguiente paso es lograr generar vínculos que te unan a ti con ellos, con tu auditorio. Para lograr este objetivo, debes realizar una pequeña investigación para comprobar dónde coinciden esos «lugares comunes» que tiene tu audiencia con tu historia, contigo.

Recuerda el discurso de graduación que di en mi antiguo colegio. Una frase que repetí varias veces es: «Hace poco estaba sentado en esas mismas sillas en las que ahora estáis vosotros», refiriéndome a que también había pasado por su situación, con sus miedos y esperanzas, igual que ellos. Ese dato no afectaba de forma decisiva ni directa a mi mensaje, pero generaba ese vínculo emocional con la audiencia presente.

Por ejemplo, fíjate en los políticos (en los buenos, por favor). Cuando llegan a un lugar siempre buscan conectar de alguna manera con esa región y su gente. Cuentan alguna anécdota de cuando estuvieron allí de pequeños, o se relacionan a través de algún familiar que vive cerca, o buscan cualquier excusa para que la gente diga: «Es uno de los nuestros». Es una estrategia para conectar con las personas que los están escuchando.

Busca esa conexión con tu audiencia, ese punto de encuentro entre tu historia, tu vida y sus «lugares comunes».

Si, por ejemplo, das una charla ante unos pescadores y tu abuelo te enseñó a anudar un anzuelo, dilo.

Si tienes una conferencia ante unos inversores de bolsa y un día intentaste invertir con catastróficos resultados, cuéntalo.

Incluso si solo vas a conversar con tu jefe y sabes que tiene una hija de la misma edad que la tuya, pregúntale por ella.

Piensa que el ser humano busca generar grupos y sociedades. Ya lo decía Aristóteles hace más de 2300 años al señalar que el hombre es un ser social por naturaleza. Es lo que en ciencia llaman la «necesidad de pertenencia» y nos impulsa a generar vínculos con nuestros semejantes. Esto ha sido demostrado por reconocidos autores, como Maslow con su famosa pirámide de necesidades. Este psicólogo estudió la importancia que le damos a ser aceptados como parte de nuestro grupo social para sentirnos realizados.

Por eso es tan valioso generar vínculos con tu audiencia, está demostrado por la ciencia que creemos y favorecemos con mayor convicción a las personas con las que tenemos algún tipo de conexión.

Conecta para convencer.

¿Cómo relaciono mi mensaje con el público?

Llegados a este punto, solo te falta completar un elemento esencial. Ahora debes conectar tu mensaje con los asistentes. Para lograrlo, solo tienes que encontrar la respuesta a una última pregunta:

¿Qué se van a llevar de esta charla y cómo los va a ayudar?

Continuando con el ejemplo de este mismo libro, tengo claro que quieres aprender herramientas de comunicación y persuasión. Estoy seguro de que has invertido tu dinero y tu tiempo de lectura buscando unas técnicas para desarrollarte tanto en tu vida personal como en tu trabajo. Al saber todo esto, ya entiendo cómo debo enfocar este texto para que te resulte útil.

Como dije más arriba, este libro lo he escrito para ti, no para leerlo yo.

Una vez conozco tus necesidades y objetivos, solo debo adaptar todos mis conocimientos a que logres un resultado positivo, un beneficio palpable en tu comunicación. Es lo que en *marketing* llaman «puntos de dolor». Todos tenemos problemas en nuestra vida a los que buscamos poner solución. Una vez descubres esos problemas (necesidades) de tu público, debes enfocar toda tu comunicación a ofrecerles una solución.

Por ejemplo, si diese una charla sobre cómo hablar en público a un grupo de abogados (como ya he hecho en alguna ocasión), la enfocaría a cómo comunicar de forma correcta ante un juez, a aprender las técnicas para negociar con la parte contraria y a cómo gestionar situaciones difíciles con los clientes. Los conocimientos que compartiría con ellos son similares a los que estoy compartiendo aquí contigo, pero el enfoque y el resultado cambian por completo.

Al conocer las necesidades diarias de un abogado, enfoco todos mis conocimientos a resolver sus problemas.

No les hablo de Aristóteles, sino de cómo argumentar en un juicio.

No les hablo de Cicerón, y sí de la importancia de la imagen personal ante un cliente.

No les hablo de lo que yo quiero, sino de lo que ellos necesitan.

Enfoca tus charlas a resolver los problemas de tu audiencia.

Genera confianza en 7 segundos

La regla de los 7 segundos es muy conocida en el mundo de la comunicación. Según esta teoría, cuando te presentas ante una persona, solo tienes siete segundos para generar una primera impresión. A partir de ahí ya se habrá creado una imagen de ti que puedes reforzar o cambiar en base al resto de la interacción, pero ese momento inicial queda grabado para siempre.

Seguro que esto te ha ocurrido alguna vez. Has conocido a alguien y te ha caído fatal, terrible, pero con el paso del tiempo has llegado a tener una gran amistad con esa persona, incluso puede que siga siendo un buen amigo hoy en día. Eso fue debido a la primera impresión.

Es verdad que esta teoría se ha intentado matizar con estudios posteriores. Algunos han señalado que no son exactamente siete segundos, sino treinta o incluso sesenta. Por el contrario, un estudio de la Universidad de Princeton señala que son suficientes tan solo 0,1 segundos para hacerte un juicio de valor sobre alguien.

Los números pueden variar, aunque todas estas investigaciones coinciden en la importancia de causar una buena impresión cuando conocemos a una persona por primera vez. Esto ocurre por la simple evolución de nuestro cerebro a lo largo de los años.

Piensa que tu cerebro está diseñado para priorizar una acción sobre todas las demás: sobrevivir. Es el instinto más básico de todos los animales, incluidos por supuesto los humanos. Por ello, en la prehistoria, época de grandes peligros, el cerebro debía evaluar en el menor tiempo posible si lo que tenías enfrente era una amenaza o no.

¿Tiene dientes largos o un hacha en la mano? Peligro. Corre.

¿Tiene un recipiente con comida y viene desarmado? Posible amigo. Acércate.

Posteriormente, el ser humano evoluciona hacia sociedades más complejas y el cerebro se adapta a esa nueva realidad. Por eso eres capaz, en tan poco tiempo, de hacerte un juicio de valor sobre la persona que tienes delante, en función de cómo viste, la forma en la que saluda, su tono de voz, su aspecto, su mirada…, todo genera una imagen que tu cerebro procesa.

De la misma forma, tu público también se hace una primera impresión en cuanto te ve aparecer en la sala y, en base a ese juicio inicial, serás más o menos creíble ante tu audiencia. Dar una primera impresión correcta te acerca, en gran medida, a conectar y convencer a las personas que te estén escuchando. Por eso es tan importante poner mucho esmero en la imagen que proyectas.

La regla es sencilla: controla tu imagen o ella te controlará a ti.

Por lo tanto, para proyectar un aspecto positivo y lograr conectar con mayor facilidad a través de nuestra imagen personal, es necesario que sigas tres estrategias básicas.

Primero por los ojos

Quizá no te hayas dado cuenta, pero te crees con más facilidad a las personas que consideras atractivas. No te sientas mal por ello, es una realidad. Es lo que se conoce como el Efecto Halo, hablaremos más adelante de este sesgo cognitivo, pero si alguien nos parece encantador, tendemos a prestarle más atención y a darle más credibilidad.

Es cierto que la belleza facial no depende de nosotros. Las proporciones no las elegimos y cada uno tiene lo que la naturaleza le dio. Pero sí puedes sacarte el máximo partido posible para generar una imagen personal que capte la atención.

Aséate, dúchate, aféitate, péinate, maquíllate..., ponte guapo o guapa, como decía tu madre. Tampoco es necesario que te acicales como si estuvieses invitado a la ceremonia de los Óscar, eso desentonaría, pero sí debes poner atención en los pequeños detalles. No es simple coquetería, es que lo atractivo convence más.

Mientras hablaba de esto en una entrevista, me preguntaron cómo podía estar tan seguro de la importancia de la imagen personal si hay figuras como Elon Musk que la cuidan tan poco y, sin embargo, tienen un éxito abrumador.

Aún recuerdo la cara de los entrevistadores cuando escucharon mi respuesta: «Cuando seas Elon Musk, te podrás comportar como Elon Musk».

Hasta que tu reputación sea tan grande que te preceda en los actos a los que asistes, debes cuidar la imagen que proyectas. Incluso personas que podría parecer que no cuidan su imagen, como Elon Musk o Steve Jobs, en realidad tienen una estrategia muy estudiada y trabajada para reforzar la impresión que generan. Todo está pensado al milímetro, incluso la forma en la que visten.

Quizá no lo sepas, pero la ropa que usas es un arma persuasiva.

Esto lo demuestra un estudio hecho a pacientes hospitalarios cuya conclusión es que estos prefieren a los médicos con batas blancas, incluso aunque se los informe de que las batas son una posible fuente de infecciones. Si lo piensas, no resulta nada racional. Un médico no es mejor o peor profesional por la forma en la que viste, pero tu cerebro inconsciente no piensa así. Los usuarios (me incluyo) nos sentimos más cómodos y le damos más credibilidad a los doctores con bata blanca.

Esa es la clave de todo lo que te estoy hablando. La credibilidad que te otorga tu vestimenta.

No se equivoca el refrán que dice que el hábito hace al monje. La ropa que usas genera un fuerte impacto en las personas que te observan, por eso es tan importante cuidar todos los detalles. Y si tienes dudas de cómo vestir en un evento concreto, es mejor vestirse ligeramente más arreglado que quedarse corto y desentonar.

Recuerda. Cuida tu aspecto porque también convence.

Sonríe y conecta

Si hay un elemento que sirve para conectar con tu audiencia, que logra aumentar el atractivo físico y que genera una respuesta positiva en el cerebro de tus asistentes, es la sonrisa.

Y antes de que vengas a decirme «yo tengo una sonrisa fea», está demostrado que vemos más atractiva y con mejores atributos a una persona que sonríe a una que tiene el semblante serio. Así que no quiero excusas.

Además, la sonrisa te conecta de forma directa con tu audiencia, los hace partícipes de tu comunicación positiva y los incluye en el mensaje. A través de las llamadas «neuronas espejo», la sonrisa se contagia a tu público y generas un vínculo emocional positivo.

Imagina por un momento que eres el jefe de una gran multinacional (no te puedes quejar de mis ejemplos) y tienes que elegir entre dos candidatos para liderar a tu equipo. Ambos tienen un currículum y experiencia laboral muy similar. En la entrevista, uno de ellos se comporta de manera seria, fría y sin ánimo. En cambio, el otro entra decidido con una sonrisa, no riéndose, pero sonriendo con seguridad.

Con esta información básica, responde: ¿quién te causa una mejor impresión?, ¿quién crees que estará más predispuesto a liderar con energía un equipo?

Y si aún no te he convencido, la sonrisa no solo afecta a tu entorno externo, sino también a tu estado interno. Sonreír relaja. Ya lo vimos en el capítulo anterior, pero de nuevo te lo recuerdo, sonreír sirve para hacer tus tareas de una forma más relajada y con menos estrés.

Como es lógico, solo se debe sonreír cuando esté aceptado socialmente hacerlo. No vayas ahora a mostrar una sonrisa de oreja a oreja cuando te enfadas con tus hijos o discutes con tu pareja. La expresión facial debe ser adaptada al contexto, pero, como regla general, siempre que la situación lo permita, sonríe.

Es importante resaltar que no todas las sonrisas son iguales. La sonrisa verdadera es la llamada «sonrisa Duchenne», que lleva el nombre del médico investigador francés que la catalogó. Es lo que llamaríamos una sonrisa sincera, porque no solo arruga la comisura de los labios, sino que también surgen marcas de expresión en los laterales de los ojos. Hay decenas de ejemplos en *photocalls* y pasarelas donde los famosos están obligados a sonreír ante las cámaras, aunque no tengan ganas de hacerlo. Eso es la sonrisa falsa o social. Mientras que cuando alguien está alegre de verdad, no solo tiene una expresión sonriente con los labios, sino con todo el rostro y la musculatura facial.

Establecida la idea de que se debe sonreír siempre que se pueda, debes hacerlo especialmente en tres momentos diferenciados de una intervención, tanto si estás ante un gran público como si se trata de una conversación personal:

— Al presentarte, para crear un primer impacto positivo.
— Durante el comienzo de tu reunión o charla, logrando así un ambiente más distendido.

— Al final del acto o evento, para demostrar una actitud positiva respecto de lo que ha ocurrido.

Esto se usa mucho como técnica de negociación, para generar la menor tensión posible y para asociar la sonrisa a determinadas partes de la conversación. De esa forma anclas una sensación positiva a los momentos más delicados de la negociación.

No lo olvides. Sonríe para convencer. Lo dice la ciencia.

La mirada convence

Fulminar con la mirada. Tener una mirada turbia. Mirar con buenos ojos. Poseer una mirada penetrante... Como has podido comprobar, existe mucha interlocución a través de la mirada. Esto ocurre porque los ojos comunican. La forma en la que conectas a través de la mirada también sirve para enviar un mensaje a tu interlocutor.

El concepto de mirada hace referencia al comportamiento visual de cada individuo, no solo de los ojos, sino también de los párpados, las cejas e incluso la frente. Todo este sistema sirve para recibir información del exterior procesando la luz que entra por los ojos, o para expresar emociones y sentimientos a través de las expresiones faciales.

La mirada es una de las herramientas más poderosas de la comunicación. Por un lado, a través de los ojos es posible leer a la persona con la que estás hablando. Puedes ver si está nerviosa al percibir si sus movimientos oculares son rápidos. También es posible observar si te presta atención, porque fija su mirada en ti mientras hablas. O incluso puedes deducir que no le interesa en absoluto lo que estás diciendo, porque está mirando en otras direcciones o a su teléfono móvil.

Recuerda: la mirada conecta, la mirada atrapa, la mirada seduce.

El secreto de la mirada es saber cómo utilizarla y ante quién utilizarla. Por ello se deben diferenciar dos escenarios muy diversos:

Ante un público reducido: cuando estás frente a un público reducido o incluso ante una o dos personas, la mirada debe ser individual, fijándote en cada uno de los asistentes para que se sientan incluidos en tu charla.

Aquí debo hacer una advertencia. Esta herramienta es un arma de doble filo. Si bien debemos observar a toda la audiencia, fijar demasiado tiempo la mirada en una persona hará que se sienta incómoda. Incluso cuando hables con un único interlocutor, no fijes la mirada de forma constante en sus ojos, ve haciendo pequeñas variaciones hacia distintos puntos para que no se sienta intimidada.

Por ello, mientras estés exponiendo ante una audiencia numerosa, pasa tu mirada por las caras de las personas durante 2-3 segundos aproximadamente. Esa mirada pausada hace que se incluyan en tu mensaje todos los presentes, lo que reforzará tu imagen de serenidad y credibilidad.

La clave es mirar a todos para incluirlos en tu mensaje.

Ante un gran público: cuando pasamos de las 10 o 12 personas ya podemos hablar de que estamos ante un gran público. A partir de ahí es casi imposible mirar a todos uno a uno, porque son demasiados individuos y acabaríamos mareados tratando de recordar a quién hemos mirado y a quién no.

Para esos casos, aquí tienes el truco definitivo para mirar a un público amplio, ya sean 30 personas o 300. Es lo que se conoce como la «mirada en W».

La mirada en uve doble (W) se llama así por la forma en la que se va mirando al público. Al ser imposible observar a todos los asistentes, lo que sí puedes hacer es generar la percepción de que los estás mirando, y eso se logra realizando el recorrido en W. Se hace de la siguiente manera:

Cuando estés situado ante una sala, establece 5 puntos en tu público: superior izquierda, inferior izquierda, central, inferior derecha, superior derecha (formando una W). La clave es ir pasando la mirada entre esos lugares.

Con esto no quiero decir que hagas una W con la cabeza. Parecerías un robot. Al contrario, debes ir mirando esos 5 puntos de forma aleatoria, pero pausada y con calma. Piensa que, a partir de cierta distancia, los individuos del público no perciben si los estás mirando a ellos, al que tienen sentado al lado o a la persona que se sitúa justo detrás. Por ello, esta forma de pasar la mirada logra incluir a toda la audiencia.

Utiliza la mirada en W para que todos los asistentes se sientan observados por ti.

Y, por supuesto, si alguien del público te hace una pregunta o tiene alguna breve intervención, debes dirigir la mirada directamente a esa persona durante el tiempo que esté interviniendo, así sentirá que le estás prestando toda tu atención. Cuando finalice su pregunta, ahora sí, la respuesta la diriges a todo el público, volviendo a mirar a tu audiencia a través de esos 5 puntos.

La mirada ante una gran audiencia o a un pequeño público debe seguir los mismos patrones: pausada, tranquila y organizada.

3
CONSTRUYE UN MENSAJE PERSUASIVO

Debo advertirte que este capítulo puede ser un poco más complejo que el resto de los apartados del libro. No es sencillo crear buenos argumentos y requiere de cierto entrenamiento, pero una vez aprendas e interiorices los conceptos básicos, cambiarás por completo la forma en la que enfocas tus conversaciones.

Para llegar a construir razonamientos sólidos, primero empezaremos con la elaboración de los «argumentos indestructibles» a través de la técnica ARE. Después hablaremos de cómo los errores de interpretación de nuestro cerebro nos hacen caer en las falacias y en los sesgos cognitivos, así evitaremos que nos vuelvan a engañar con palabras manipuladoras. Y, por último, pasaremos a desarrollar una de las técnicas más importantes de la comunicación, el *framing*, que demuestra cómo las palabras que elegimos enmarcan todas nuestras discusiones.

Toma papel y bolígrafo porque en este capítulo vas a aprender a convencer a través de tus argumentos.

El argumento indestructible

Voy a ser sincero contigo. Lo cierto es que el argumento indestructible no existe. Ni siquiera las leyes más aceptadas por la ciencia son 100 % veraces, todas tienen un pequeño margen de error…, por eso el mundo científico crece sin descanso, porque siempre hay opción a seguir investigando para mejorar. Con la comunicación pasa lo mismo, ningún razonamiento está libre de crítica o ataque.

Aunque todos los argumentos tienen un punto débil que los hace vulnerables, sí es posible elaborar razonamientos sólidos difíciles de atacar y desmontar. Pero no te agobies, aquí no voy a hablar de cómo estructurar largos argumentos deductivos e inductivos, ni de los complejos sistemas de la lógica empírica aristotélica.

Si en algún momento te interesa profundizar en este mundo de los argumentos lógico-racionales, en la bibliografía del libro te recomiendo otros escritos dedicados de forma exclusiva a este sector, pero mi intención aquí es ir a la esencia de la argumentación. En este capítulo he condensado la parte nuclear de los razonamientos y cómo puedes construir argumentos resistentes tanto para tus presentaciones como para tus conversaciones diarias.

Aquí vas a aprender a convencer con la razón.

El primer paso es comprender que la argumentación —la lógica— es uno de los tres grandes pilares de la persuasión. Cuando tu objetivo es convencer a una audiencia, puedes conseguirlo a través de tres vías distintas: la razón, la emoción y tu propia credibilidad.

Ya he hablado en los capítulos anteriores sobre la importancia de la credibilidad para ser escuchado y aceptado por tu audiencia. El motivo por el cual debes trabajar cada día en tu reputación lo resume a la perfección una regla de oro de la oratoria:

Si no te creen, no te escuchan. Y si no te escuchan, nunca podrás convencerlos.

Otro de los pilares fundamentales que genera vínculos efectivos con nuestra audiencia son los sentimientos. Más adelante, en otro capítulo, hablaremos de cómo se persuade a través de las emociones y de qué forma pueden usarse con sinceridad para conectar con las personas que te escuchan. Un error muy común es creer que usar los sentimientos es manipular o engañar a la audiencia. Nada más lejos de la realidad. El mundo emocional es una forma de convencer tan válida y justa como los argumentos, siempre que se usen de forma correcta. Todo eso lo desarrollaremos en el apartado que corresponda.

Y, por último, tenemos la razón, la lógica y los argumentos. Este pilar es tan importante como los anteriores, aunque en los manuales actuales de comunicación y oratoria se le suele dar poca importancia por su complejidad. Por ello, en este apartado vamos a ir directos a la esencia de los argumentos, a lo fundamental para elaborar razonamientos sólidos de forma clara y sencilla.

¡Por cierto! Si te han llamado la atención los tres pilares de la persuasión —credibilidad, emoción y razón—, tengo que reconocer que no los he inventado yo. Provienen de un libro antiquísimo: la *Retórica* de Aristóteles. Desde el punto de vista de la oratoria clásica, se conocen como *ethos*, *pathos* y *logos*, según su nombre en griego antiguo, y son la base de toda la comunicación y persuasión moderna. Pero imagina por un momento que llego a comenzar este capítulo explicándote este anacronismo, sin duda te hubieses desesperado en el primer párrafo pensando que el resto del capítulo estaría cargado de tecnicismos. Por eso he optado por la estrategia inversa.

Igual que hago aquí con este capítulo, recuerda explicar siempre tus ideas de la manera más clara y sencilla posible. Esta es la primera técnica para elaborar buenos argumentos persuasivos:

¡Hazlo simple!

Imagina un escenario donde estamos conversando y en un momento de la charla te digo que «no existe perjuicio alguno que no venga acompañado de una acción o consecuencia positiva». Me mirarías con cara de perplejidad preguntándome qué narices significa todo eso. Pero si relees con atención esa frase, verás que se puede resumir en «no hay mal que por bien no venga». ¡Sorpresa! Significa lo mismo, pero expresado de manera mucho más sencilla, para que todo el mundo lo entienda.

Eso mismo debes hacer con tu forma de hablar y de comunicarte, en concreto a la hora de construir tus argumentos. Exprésalos de la forma más sencilla y accesible posible. Si tan solo una persona de la sala no te entiende, significará que no estás comunicando de forma correcta. Por ello, si quieres convencer a tus oyentes, evita hablar de forma complicada y rimbombante. Ir de listo es la peor estrategia para conectar con tu audiencia.

Comunica para que todo el mundo te entienda.

Ahora sí, llega el turno de construir una argumentación sólida. Para ello, aquí te presento una técnica que se enseña en los torneos de debate universitarios, en los que he participado y juzgado.

La técnica ARE

Se puede definir un argumento como un razonamiento que sirve para demostrar una idea basándose en pruebas y evidencias, cuyo objetivo es convencer a las personas a las que va dirigido.

En esa sencilla definición se encuentran todos los elementos indispensables para la técnica ARE: idea, razonamiento, pruebas y voluntad de convencer como objetivo final.

Como estamos en el terreno de los clásicos, quiero que imagines por un momento una columna griega, de esas que adornan el Partenón o el Templo de Zeus en Atenas. La parte superior, la que suele adornarse, sería tu idea, la afirmación que quieres defender. El fuste de la columna, alargado y sólido, representa el razonamiento lógico, la motivación de tu argumento. Por último, tenemos la base que se encarga de sustentar todo lo anterior, que estaría representada por las pruebas y evidencias que dan fuerza a las razones expuestas.

Ahí encontramos las tres partes que construyen un argumento sólido y persuasivo: la Afirmación que se desea probar, el Razonamiento que lo sustenta y, por último, las Evidencias sobre las que se apoyan el resto de los elementos (A+R+E).

Veamos un ejemplo que ilustra el sistema anterior: si estamos conversando y defiendo que «tener sobrepeso es un grave riesgo para la salud», solo estoy dando mi opinión. Esa frase tiene la misma validez que si alguien viene y señala que el sobrepeso no supone un verdadero factor de riesgo. Es la lucha de una afirmación contra otra, ninguna es más válida porque no tienen elementos que prueben esas palabras.

Para que esta afirmación deje de ser una opinión personal y se convierta en un buen argumento, debes preguntarle a esa idea principal «¿por qué?» y darle respuesta. Siguiendo el ejemplo expuesto:

«Tener sobrepeso es un grave riesgo para la salud».
¿Por qué?
Porque puede aumentar la presión arterial, dañando el corazón y los vasos sanguíneos.
Porque la concentración de glucosa en sangre supone un alto riesgo de generar diabetes.
Porque las personas con obesidad y sobrepeso tienen una menor esperanza de vida.

Esto ya no es una simple opinión. Ahora la idea principal propuesta tiene un razonamiento sobre el que sustentarse y apoyarse. Todo este desarrollo sirve para que, cuando des tu criterio sobre un tema, tus palabras sean más difíciles de desmontar y, por lo tanto, se conviertan en más influyentes ante la audiencia. Ten claro que la gente «no quiere» ser convencida, porque eso implica realizar un cambio en su forma de pensar y de actuar. Como regla general, siempre encontrarás una resistencia cuando trates de convencer a alguien de algo nuevo, por ello es tan importante que tus frases tengan un respaldo razonado, porque esta es la forma de vencer esa resistencia.

Los argumentos sólidos son mucho más persuasivos.

Aun así, tras ese razonamiento, el proceso sigue estando incompleto. Es necesario añadir un elemento que aporte más solidez y refuerce el argumento que has planteado. Y ahí es donde entran las pruebas, las evidencias. Una evidencia consiste en información, datos o hechos que se presentan como base objetiva y sólida de tus afirmaciones, de tal forma que logres transformar lo que puede parecer una opinión subjetiva en un argumento creíble y (casi) irrefutable.

Hay muchas clases de pruebas y evidencias, cada una con su propio valor y utilidad, pero casi siempre se basan en cinco tipos:

— Estudios científicos o sociológicos. La evidencia más sólida de todas, siempre que los estudios estén contrastados y tengan la suficiente amplitud en su muestra. En este libro he utilizado muchos de estos estudios que tendrás disponibles en la bibliografía.
— Datos estadísticos. Muy relacionada con la anterior, este tipo de evidencia ofrece una representación cuantitativa de un fenómeno. Su uso es muy útil para, por ejemplo, argumentar tendencias, realizar comparaciones o demostrar el tamaño y alcance de un problema. Se identifican porque se suelen representar con porcentajes.

- Autoridades competentes. Se puede defender una idea diciendo que la opinión de una persona o institución con prestigio coincide con el argumento propuesto. Eso sí, esta autoridad debe ser imparcial, competente e importante. Por ejemplo, no valdría decir que Einstein sostenía que debemos comer más melocotones, porque no tiene nada que ver con su campo de conocimiento. Hablaremos de esto en los sesgos cognitivos.
- Ejemplos históricos. Este tipo de evidencia sirve para mostrar a tu público una determinada situación y su equivalencia con un momento histórico. Con esta evidencia creas una imagen mental muy fuerte, pues comparas una realidad actual con una muy similar del pasado. Es una evidencia útil para ofrecer perspectiva y contextualizar un tema.
- Experiencias personales. Es la prueba más débil entre las anteriores por su subjetividad. Es válido señalar una experiencia personal para defender una idea, pero se desmontaría simplemente con que otra persona tuviese una experiencia diferente ante el mismo hecho. Por ello, siempre será mejor utilizar la experiencia grupal, algo que le ocurra a la mayoría de las personas.

Es cierto que construir un argumento sólido con evidencias concretas requiere preparación y estudio. Aunque en conversaciones diarias no solemos llevar pruebas para respaldar nuestras palabras, en las reuniones y presentaciones importantes, donde las fechas de su celebración se suelen conocer con antelación, es esencial estar bien preparado. Por ejemplo, si presentas un proyecto a inversores potenciales, debes poder responder a la pregunta «¿por qué deberían invertir en mi idea?» con justificaciones sólidas basadas en pruebas. La clave para argumentar eficazmente es, sin duda, la preparación anticipada.

> **Para los momentos importantes, prepara las evidencias de tus argumentos.**

Finalizando con el ejemplo del sobrepeso, las evidencias que podría aportar (siempre deben señalarse individualmente) son los estudios e informes de la Organización Mundial de la Salud, del Instituto Nacional de Diabetes y Enfermedades Digestivas y Renales, así como las opiniones de doctores especialistas publicadas en portales médicos.

> https://www.who.int/es/news-room/fact-sheets/detail/obesity-and-overweight
> https://www.niddk.nih.gov/health-information/informacion-de-la-salud/control-de-peso/informacion-sobre-sobrepeso-obesidad-adultos/riesgos
> https://www.quironsalud.com/blogs/es/objetivo-peso-saludable/conoce-riesgos-obesidad-salud-corazon

Ahora sí, el argumento está completo. De esta forma es como se construye un argumento formal e influyente. Aunque este ejemplo pueda parecer obvio, considera cuántos temas —en apariencia lógicos— se están debatiendo hoy en día porque no se argumenta de manera efectiva. Desde los «terraplanistas» hasta los negacionistas del cambio climático o los antivacunas, todos estos grupos pueden ser combatidos con argumentos sólidos y convincentes. Piensa también en cuántas veces, en tu vida diaria, has fracasado al intentar convencer a otros sobre algún tema, simplemente porque te faltaban argumentos robustos que respaldaran tus palabras.

Por eso es tan importante aprender a razonar, porque para defender la verdad necesitas saber argumentar.

Aunque, como se dijo al inicio de este capítulo, ningún argumento es indestructible, al aplicar la técnica ARE, estarás construyendo premisas sólidas y veraces o, lo que es lo mismo, estarás formando un argumento creíble. Esta credibilidad se genera porque tu explicación tiene una lógica fácil de seguir por tus oyentes, sin contradicciones ni conclusiones precipitadas. Es como si trasladases la fuerza de las matemáticas a tu forma de hablar y razonar.

Para persuadir a alguien, sea una única persona o todo un auditorio, es fundamental generar esa credibilidad. No solo a través de tu persona, sino también por la lógica de tus palabras, la estructura de tu razonamiento y la firmeza de tus evidencias.

Un argumento sólido es un argumento creíble.

Y un argumento creíble convence.

Que no te engañen. Sesgos y falacias

Nuestro cerebro es un vago. Le gusta estar tranquilo, sin consumir energía de forma innecesaria. Por eso la mayor parte del tiempo está en modo «piloto automático», funcionando con el rendimiento necesario. Solo en determinados momentos, cuando es imprescindible, se activa para realizar acciones más complejas, consumiendo más cantidad de energía.

Esta es la teoría que propone el psicólogo y premio nobel de economía, Daniel Kahneman, quien defiende que el cerebro tiene dos sistemas de funcionamiento: el sistema 1 o rápido que sirve para la mayoría de las acciones y elecciones de la vida; y el sistema 2 o lento que se activa en los momentos en los que necesitamos una mayor concentración y análisis de datos para tomar una decisión importante. Es lo que este autor denomina como «pensar rápido y pensar despacio» —título también de su libro—.

El pensamiento rápido es el que estás usando de forma automática la mayor parte del tiempo y sirve para tomar aquellas elecciones que no requieren una concentración elevada. Únicamente cuando te enfrentases a situaciones concretas y complejas (comprarte una casa, elegir el colegio de tus hijos...), activarías ese segundo sistema que consume más tiempo, información y esfuerzo, pero es menos propenso a cometer errores en la toma de decisión.

Esta forma de actuar de nuestro cerebro se debe a que el cuerpo humano tiende a la conservación de energía; es parte de nuestra naturaleza. Aunque hemos evolucionado en gran medida como seres sociales, nuestro cuerpo no ha sufrido excesivas variaciones durante los últimos milenios. Por ejemplo, aunque hoy en día disponemos de neveras y despensas, nuestro cerebro más primitivo (o inconsciente) le ordena al cuerpo que almacene la energía sobrante de nuestra alimentación en forma de grasa, porque desconoce cuándo va a ser la próxima ingesta de comida.

Por lo tanto, si el cerebro tiende a ahorrar tiempo y energía, priorizará el uso del sistema rápido por ser más «económico» con el consumo calórico, así como el más veloz a la hora de llegar a conclusiones. Pero este sistema tiene un fallo y es que utiliza atajos mentales para hacer más rápido el proceso en esa toma de decisiones. Puede decirse que este «modo ahorro» pone por delante la velocidad al pensamiento profundo.

En la mayoría de las ocasiones, tu cerebro no busca el camino más adecuado para tomar una decisión, sino el más corto y rápido.

Cuando tu cerebro prioriza el pensamiento rápido sobre el método más lento, puede ocasionar que llegues a conclusiones erróneas o insuficientemente evaluadas porque se reduce ese proceso de análisis. Estos «atajos» que realiza el cerebro en el pensamiento para tomar decisiones de forma más rápida se conocen como «sesgos cognitivos».

Por lo tanto, el sesgo cognitivo es un efecto psicológico que lleva al cerebro a interpretar erróneamente la realidad, resultando en conclusiones precipitadas y, a menudo, incorrectas. En términos más simples, los sesgos son errores de juicio que ocurren porque el cerebro no ha evaluado completamente toda la información disponible.

Esto tiene una relación directa y absoluta con la comunicación. Convencer e influir es un acto mental, es el efecto que produces en tus oyentes cuando aceptan el mensaje que les expones y, además, logras que cambien su conducta en favor de tus palabras.

Persuadir es lograr que una idea penetre en la mente de tu audiencia y que actúen conforme a ella.

Sin que seas consciente, la publicidad que recibes, el *marketing*, la política e incluso tus conversaciones diarias están marcadas por esta forma de funcionar de tu cerebro. Los expertos lo saben y utilizan esos «atajos mentales» para influir sobre ti, buscando que tomes decisiones rápidas sin valorar en profundidad los datos que te aportan. Se están aprovechando de tu cerebro…, al menos hasta hoy.

A continuación, tienes expuestos los sesgos más comunes en los que solemos caer, pero debo hacerte un aviso. No he escrito esta parte del libro para que uses estas «trampas lógicas», ya que estarías manipulando a tu audiencia y no es la intención de este libro. Al contrario, he desarrollado estas líneas para que evites introducirlos en tus intervenciones y, más importante aún, para que no caigas en ellos cuando te los presenten los charlatanes de la comunicación.

Esta parte del libro está destinada a que no vuelvan a engañarte. Nunca.

El Efecto Halo

Comenzamos por un sesgo del que ya te he hablado de forma resumida en otras páginas, el conocido como Efecto Halo. Cuando observas a una persona con unos atributos positivos, ya sea belleza, simpatía, cercanía…, tiendes a creer que el resto de las características de esa persona son también positivas. Haces una generalización en base a lo que has observado.

Los primeros rasgos que percibes en alguien impactan en tu evaluación general del individuo. Por eso en comunicación se dice que la primera impresión es tan importante, porque genera expectativas que determinan tu percepción sobre esa persona.

Ya señalé en otro capítulo que debes arreglarte, asearte y adecuar tu ropa al contexto, no por coquetería, sino por credibilidad. Si te presentas ante tus oyentes de forma descuidada, te aplicarán el Efecto

Halo, pero desde un punto de vista negativo: creerán que el resto de tus atributos también son negativos.

El Efecto Halo actúa en ambas direcciones. Para bien y para mal.

Seguro que alguna vez has visto en redes sociales ese experimento en el que aparece una niña haciéndose la perdida en medio de la calle. En un caso la niña iba bien arreglada y vestida, mientras que en el otro parecía una indigente y llevaba la ropa desarreglada. ¿Qué crees que hizo la gente? Por desgracia, solo se detuvo a ayudar a la primera niña, la aseada y vestida de forma elegante. Este fue el experimento que hizo UNICEF en 2016 y te recomiendo que busques el vídeo en YouTube.

Y aunque esta dura realidad deberíamos cambiarla, no se puede culpar a la gente que ignoró a la niña. Duele pensarlo, pero es posible que tú y yo actuásemos de igual manera en esa situación. No es tu culpa, sino del cerebro inconsciente.

Un gran ejemplo de la relevancia de este sesgo se encuentra en el mundo jurídico. En una conversación sobre este efecto psicológico, una abogada, Marina, sugería que la tradición de llevar togas en los juicios probablemente se haya mantenido para minimizar las distracciones e influencias en los jueces, asegurando que sus decisiones sean lo más objetivas posible, centradas únicamente en las pruebas y los hechos. Lo investigué y tiene todo el sentido del mundo.

Este efecto también es notable en las entrevistas de trabajo. Tuve una consultoría con una persona que poseía un excelente currículum, pero siempre era descartada en las entrevistas personales. El problema era evidente: pelo desaliñado, ropa casual y barba de tres días. Tras algunos consejos para cambiar su apariencia, consiguió un empleo estable. El candidato ya poseía los conocimientos necesarios, solo necesitaba mejorar su presentación. Por eso, cuidar la imagen es crucial, ya que el impacto inicial determina tu credibilidad a través del Efecto Halo.

Como decía Oscar Wilde, nunca hay una segunda oportunidad para una primera impresión.

Efecto favoritismo del endogrupo

Unas páginas atrás hablé de la importancia de conectar con tus oyentes y buscar elementos en común con ellos para generar vínculos reales y sinceros. Esos vínculos son persuasivos por el conocido como «efecto del endogrupo».

Este sesgo cognitivo consiste en la tendencia a valorar más positivamente a las personas de nuestro propio grupo (social, económico, cultural, educativo…), con quienes nos identificamos con mayor facilidad. En otras palabras, tendemos a favorecer a los miembros de nuestro entorno —endogrupo— y a menudo desconfiamos o incluso rechazamos a los que son ajenos a él —exogrupo—.

Numerosas guerras, conflictos y lacras sociales como el racismo ocurren debido a este sesgo cognitivo. Por eso debes tener cuidado cuando le des excesiva credibilidad a una persona o, al contrario, rechaces por completo sus ideas sin considerar a fondo sus palabras. Analiza si es por los argumentos que está presentando o porque estás cayendo en este sesgo cognitivo.

Es famoso el experimento psicológico de la Cueva de los Ladrones, realizado por el matrimonio Sherif en Oklahoma. Consistió en dividir a un grupo de niños en dos equipos diferentes para observar su comportamiento y la forma de relacionarse. Resumiendo, los niños desarrollaron una fuerte identidad grupal mientras mostraron comportamientos de discriminación hacia el otro equipo, incluso sin razones objetivas para hacerlo, solo porque eran del otro bando.

Es por esto por lo que debes buscar esos elementos comunes y sinceros con tu audiencia, porque estarás generando un vínculo positivo. Por el contrario, si pones énfasis en aquello que te separa de tus oyentes, generarás un rechazo casi imposible de superar.

Genera vínculos para ser más creíble.

Falacia de autoridad

Ya sabes que, para utilizar un argumento de autoridad, el personaje al que haces referencia debe ser imparcial, competente y con suficiente importancia en su sector. Si faltase alguno de esos elementos estarías cayendo en la falacia de autoridad.

Muchas veces verás que en la publicidad se invoca a personas muy conocidas para convencerte de comprar algún producto. Si lo piensas, los anuncios de televisión y redes sociales están llenos de gente famosa vendiendo productos que no tienen nada que ver con su sector o sus conocimientos. Jugadores de fútbol siendo imagen de patatas fritas, actores anunciando café o tenistas vendiendo coches. Desde un punto de vista racional, no tiene ninguna base lógica el uso de esas «figuras de autoridad», no existe relación alguna con la empresa o el producto, pero las marcas las usan para convencerte de comprar sus productos. Y funciona.

Lo siento. Pero ya no volverás a ver los anuncios igual que antes. Si quieres convencer, debes usar verdaderas figuras de autoridad.

Sesgo de maldición del conocimiento

Esta «trampa psicológica» se produce cuando asumes que tu audiencia tiene tu mismo nivel de conocimiento sobre el tema que presentas, lo que resulta en una comunicación ineficaz. Seguramente te ha pasado en alguna ocasión que en una conversación no entendías bien la información que te proporcionaban. Esto no es culpa tuya, sino del emisor, que ha presupuesto tus conocimientos sobre el tema en lugar de explicarte los conceptos básicos para que comprendas todo el mensaje.

La consecuencia de este sesgo es que la audiencia no termina de entender la idea que le estás presentando. Y, salvo que algún valiente se anime a preguntarte (no suele ocurrir nunca), acabarán por desconectar de tu charla porque se sentirán perdidos en medio de la explicación.

Para evitar este sesgo tienes que hacer dos ejercicios, uno previo y otro durante la intervención.

Previo: trata de exponer toda la información lo más sencillo posible. Siempre que tengas que hablar de un tema complejo, busca cómo simplificarlo o ejemplificarlo para que lo entienda todo el auditorio. Busca resumir tus puntos importantes en frases cortas que entendería un niño de diez años. No digo que hagas una charla simplista y sin fondo, sino que busques hacerla lo más accesible posible para todo tu público.

Durante: haz cuestiones al público. Pregunta si están entendiendo lo que has expuesto hasta ese momento, hazles partícipes de la presentación, crea alguna dinámica para que tengan que aplicar lo que has enseñado. A veces basta un simple «¿hasta aquí todo claro?» para que alguien diga que no y puedas volver sobre tus palabras para aclarar conceptos.

Solo persuadirás a tu audiencia si primero logras que te entiendan.

Efecto de primacía y recencia

Unas líneas atrás, exponía la importancia de dar una buena primera impresión cuando te presentas ante una audiencia. Ese primer impacto está muy unido al Efecto Halo, así como también al efecto de primacía o *priming*.

Está demostrado que el ser humano recuerda de manera más efectiva todos aquellos datos e impresiones que recibe tanto al inicio como al final de una interacción, sea una conversación privada o una presentación ante cientos de personas.

Ya he expuesto la importancia de la primera impresión y de cómo, en menos de un segundo, tu audiencia se construye una idea mental sobre ti. Aclarado este efecto de primacía, no hace falta profundizar más en él, solo recordarte que esa imagen inicial que proyectas es imborrable en el imaginario de tus oyentes e influirá por completo en el resto de tu intervención o charla.

Igual de importante es el inicio de una intervención que su final.

Pongamos un ejemplo. Imagina que asistes a un concierto de tu grupo favorito y está siendo espectacular. Los músicos están dando lo mejor y todo el público está enganchado y vibrando con las canciones. Pero de golpe, cuando se acerca el final, el equipo de sonido empieza a fallar. Comienzan a producirse interferencias, los altavoces hacen un ruido estridente y acaban por apagarse para no volver a funcionar. Tras más de media hora esperando, salen los organizadores y dicen que se suspende el concierto por fallos técnicos.

¿Cómo te marchas a tu casa? Es muy probable que lo hagas enfadado, decepcionado con tu grupo y la organización del evento. Puede incluso que pidas que te devuelvan el importe de la entrada. Pero vamos a analizar por un momento la realidad:

El concierto estaba funcionando a la perfección. Público, músicos y espectáculo estabais conectados y disfrutando, solo se torció el final del evento. No debería ser para tanto, ¿no? Pues no funciona así. Te vas molesto con tu grupo musical favorito porque el último contacto con ellos es negativo y ese es el que vas a recordar con más facilidad.

Este proceso también ocurre a la inversa. Si tienes una primera cita con alguien y la noche empieza mal, llegando tarde y con malas maneras, pero poco a poco se torna en una velada fantástica, con una gran conexión entre ambos y acabas regresando a casa con una sonrisa de oreja a oreja, te garantizo que querrás volver a quedar con esa persona. La última parte ha «arreglado» todo lo anterior.

Por lo tanto, igual que debes cuidar los detalles al inicio, debes poner mucha atención en la parte final de tus presentaciones. Es ahí donde vas a situar tu llamada a la acción y la mayor fuerza emocional.

Recuerda en qué parte de sus discursos electorales piden los políticos el voto con más energía: al final.

Observa cualquier charla TED famosa y fíjate dónde se coloca el mensaje motivacional: al final.

Una vez has entendido el efecto de primacía y recencia, ya sabes que debes organizar tus presentaciones resaltando lo importante al principio y al final. La primera parte debe ser una llamada de atención, algo que capten los ojos y oídos de tus oyentes, mientras que en la parte final debes buscar que salten de sus sillas para realizar una acción. El famoso «*call to action*» se suele colocar siempre al final. Está claro que no debes aburrir en la parte central de tu intervención, pero ten en cuenta que será menos recordada y, por tanto, tendrá un efecto limitado en tu público.

El principio impacta y el final se recuerda.

Notas finales

En este apartado solo se han expuesto los principales sesgos cognitivos y falacias, pero hay decenas más que es imposible reproducir aquí. Te recomiendo que busques libros, textos y contenido en la red sobre esta materia. Puedes escribirme y te enviaré personalmente información sobre argumentación y falacias. Una vez vas conociendo estas trampas lógicas, se hace muy difícil engañarte, lo que te convierte en una persona más fuerte ante la publicidad engañosa, los políticos populistas y los manipuladores de masas.

La oratoria no solo se usa para convencer, también sirve para que no te engañen.

Framing. Míralo de esta manera

No tengo ninguna duda. Esta es una de las técnicas más importantes de la comunicación y de las que más fuerza tienen para convencer a la audiencia. Es la llamada técnica de *framing* o, en castellano, de encuadre o enmarcado.

Se define como la técnica por la que se influye en la percepción de las personas al presentar un hecho desde una perspectiva concreta. Dicho de otra forma, es el modo en el que organizas y muestras la información, dándole más relevancia a unos aspectos sobre otros, y logrando influir en tu audiencia en un sentido o en otro.

Vamos con un pequeño ejercicio para entenderlo mejor. Dime qué ves aquí:

6

Fácil. Ves un seis. Pero ¿qué ocurriría si le dieses la vuelta al libro? Ahora ese seis se ha convertido en un nueve. Este sencillo ejercicio es la demostración de la técnica del *framing* o enmarcado: un mismo hecho puede ser visto de forma diferente según la perspectiva que se tome. Tú, como orador, debes presentar la información desde la perspectiva que más te conviene y favorece.

El ejemplo que más me gusta y mejor ilustra esta técnica es el de los curas y el papa. Cuenta una pequeña historia que dos curas del Vaticano eran ávidos fumadores, pero no sabían si se podía fumar a la vez que realizaban sus rezos diarios. Ante esa duda, deciden preguntárselo al papa.

Entró el primer cura al despacho del santo padre y, a los pocos minutos, salió cabizbajo porque el papa no le había permitido fumar mientras rezaba. El segundo cura no se dio por vencido con tanta facilidad y decidió preguntárselo también. Cómo sería la sorpresa del primer sacerdote al ver salir a su compañero sonriente y escuchar que el papa había aceptado que fumase durante sus oraciones.

—¿Qué le has dicho para que te lo conceda? —inquirió el primer párroco—. Yo le he preguntado si podía fumar mientras rezaba y me lo ha negado muy molesto.

—¡Claro! —contestó el segundo—. Es que yo le he preguntado si me permitía rezar mientras fumo.

Ya has entendido cómo funciona la técnica del encuadre. Mientras uno de los sacerdotes había puesto el énfasis en el hecho de fumar, el otro, más astuto, puso el foco de atención en la acción de rezar. A uno se le permitió el capricho mientras que el otro tuvo que resignarse.

El hecho era exactamente el mismo: fumar y rezar al mismo tiempo. Pero la forma en la que expusieron los datos cambiaba por completo la intención y, por lo tanto, la percepción de la acción.

Esta misma técnica la aplican los medios de comunicación en nuestro día a día y lo peor es que no somos conscientes de ello. Mira el siguiente ejemplo sobre cómo puede cambiar la visión de un tema según el enfoque: los impuestos del Estado.

Hablando con propiedad, los impuestos son el tributo que exige el Estado para sufragar sus gastos. Esa podría ser una definición objetiva, sin matices ni intenciones ideológicas. Sin embargo, si le preguntas a personas con ideología liberal y contrarias a los impuestos, te dirán que los consideran un expolio a los ciudadanos para cubrir el gasto político. Mientras que, si le preguntas a individuos de ideología más social, te contestarían diciendo que los impuestos son la contribución necesaria para lograr la igualdad y el equilibrio en la sociedad.

En ambos casos el hecho es el mismo, la obligación de pagar un importe al Estado. Lo que ocurre es que según cómo se enfoquen las palabras, el debate estará sesgado en un sentido o en el opuesto. Se llama técnica de enmarcado porque «enmarca» la discusión en una determinada dirección.

Esta técnica debes aplicarla a tus presentaciones, charlas y conversaciones, incluso te puede servir para pedir un aumento de sueldo en tu actual empleo. En lugar de solicitar una subida del salario por el trabajo que has realizado estos últimos años, propón ese aumento para poder dedicar más recursos y tiempo personal en aumentar tu productividad en la empresa, uniendo por tanto el incremento con el rendimiento.

El hecho es el mismo —aumentar tus honorarios—, pero, como habrás observado, la realidad que presentas a tu jefe cambia por completo según las palabras que se utilizan. En el primer supuesto, el foco de atención se coloca sobre tu trabajo realizado —recompensa—, mientras que en el segundo caso te enfocas en el aumento de tu calidad laboral —productividad—.

Piensa en cuál de los dos estarías más dispuesto a aceptar si ocupases el cargo de director de la empresa.

Si lo piensas con detenimiento, es impresionante la forma en la que la elección del lenguaje influye sobre la visión que tenemos de un acontecimiento. Por eso debes ser cuidadoso con los términos que utilices al exponer tu idea. Puedes tener un proyecto apasionante y de gran utilidad para las personas, pero siempre debes presentarlo de forma que sea atractiva para tu audiencia si quieres convencerla.

Volviendo al ejemplo de los impuestos. Si estuvieses a favor de estos, las palabras que utilizarías durante tu exposición serían: reparto, igualdad, equidad, social o solidaridad. Mientras que, si te sitúas en contra del aumento de impuestos, llenarías tu discurso con términos como expolio, robo, gasto político o carga fiscal.

Este es uno de los muchos ejemplos que hay sobre cómo, a través de la elección de los términos, utilizas la técnica del *framing* en tus conversaciones diarias. Piensa en una persona aplicada cuando estudia, una de esas que se esfuerzan para sacar las mejores notas posibles. Todos conocemos a alguien así de nuestra época en el instituto o la universidad.

Podrías decir que es un buen estudiante. Aunque también podrías señalar que es un «empollón». ¡Vaya! Fíjate cómo ha cambiado todo de perspectiva. El hecho es el mismo: una persona que pone un gran empeño en sacar buenas notas. Pero dependiendo de los términos que usemos, el significado, la intención de nuestras palabras cambia en su totalidad. Por eso es tan importante tener en cuenta las palabras que eliges. Porque cambian el sentido de la conversación por completo y, por tanto, de la idea que quieres transmitir.

No es lo mismo ser «despistado» que ser un «desastre». No es lo mismo estar «seguro de sí mismo» que ser un «soberbio».

Las palabras cambian completamente el marco de la discusión, aunque el hecho siga siendo el mismo.

Seguramente ya te has dado cuenta de que el *framing* está muy relacionado con el estudio previo de la audiencia. Si conoces las necesidades y características de tu público, sabrás cómo enfocar el mensaje para que sea más persuasivo. Recordando el ejemplo de los curas fumadores: si en lugar de ir a preguntarle al papa hubiesen ido a hacerle la misma cuestión al presidente de una tabacalera, el resultado habría sido opuesto. Al directivo de una empresa de tabaco le importaría más que fumen a que recen, por lo que el enfoque habría sido el opuesto.

Antes de ir a comentar una idea con tu jefe, hablar con tu pareja, educar a tus hijos o convencer a tus amigos de hacer un viaje…, piensa en el sentido que deseas dar a tus palabras. Recuerda que los términos que escojas definirán el enfoque de la conversación y, por tanto, el resultado.

**La audiencia marca el enfoque de tu mensaje.
El enfoque de tu mensaje convence a la audiencia.**

4
CONVENCE CON TU CUERPO

Imagina que estás frente a una audiencia de una sala de reuniones. Vas a dar la charla que puede proporcionarte un ascenso en tu vida laboral. Has pensado en la presentación, en el mensaje que vas a exponer y cómo hacerlo de forma persuasiva. Lo tienes todo controlado, ¿verdad?

Error. Se te ha olvidado practicar una parte fundamental de tu intervención, aquella que comunica tanto o incluso más que las palabras que van a salir por tu boca. Se te ha olvidado qué mensaje quieres transmitir con tu cuerpo y tu voz.

A la hora de hablar en público, diferenciamos entre tres elementos comunicativos que se combinan para transmitir la información del emisor a la audiencia: comunicación verbal (mensaje), comunicación no verbal (cuerpo) y comunicación paraverbal (voz). Cada uno de ellos tiene su importancia y su fuerza a la hora de hacer nuestra idea más convincente y persuasiva.

Sobre el primero, el mensaje, ya has aprendido sus partes más importantes, como por ejemplo la forma en la que se construye un argumento persuasivo, el peligro de los sesgos y falacias, o también a utilizar la técnica del *framing* para enmarcar la conversación desde el primer momento.

Por otro lado, también has ido asimilando conceptos sobre comunicación no verbal, como la fuerza de tu sonrisa, la forma de mirar a tu audiencia o la importancia de tener una buena presencia al hablar en público. Pero solo era el calentamiento, en este capítulo vas a profundizar sobre cómo tu cuerpo es capaz de convencer a tu audiencia.

También descubrirás la verdadera capacidad que tiene la voz para reforzar tu mensaje. Verás elementos como la modulación del tono, la importancia de los silencios o los cambios de ritmo que logran captar la atención de tu audiencia. Y lo más importante, aprenderás la forma de aplicar todos esos conocimientos a ti mismo, a tu manera de comunicar.

Empecemos por tu cuerpo.

Tu cuerpo es tu mensaje

Lo digo en todas mis conferencias. Tu cuerpo no habla, tu cuerpo grita.

He observado en muchos de los asistentes a mis charlas que no le dan al lenguaje corporal la importancia que tiene y merece. Al preparar una charla o intervención, la gente suele centrarse en el mensaje, las diapositivas, la bibliografía que va a recomendar…, pero nunca se detiene a reflexionar sobre cómo va a usar su cuerpo y qué mensaje va a emitir a través de su lenguaje no verbal.

Una de las más famosas investigaciones sobre el lenguaje corporal es la realizada por el psicólogo Albert Mehrabian. En una controvertida investigación, Mehrabian afirma que, del total de una comunicación, el 55 % de nuestro mensaje es transmitido por el lenguaje corporal, un 38 % a través de la voz y solo un 7 % sería el sentido literal de las palabras. Hay que puntualizar que este estudio se refiere a la comunicación de sentimientos y actitudes, no a cualquier tipo de conversación. El mismo Mehrabian tuvo que aclarar este hecho, señalando que esta regla solo se aplica si el orador está comunicando emociones o actitudes.

Dejando de lado si este estudio es acertado por completo o no, sí aclara una idea fundamental: el cuerpo comunica y mucho.

Haz este pequeño ejercicio. Lee esta frase en voz alta:

«¡Otra vez croquetas para comer!».

Si lo dices en tono neutro, sin movimiento en tu cuerpo, tu público no podría asegurar si es algo positivo o negativo. Así que ahora prueba a repetirlo, pero esta vez con una sonrisa, con alegría y con energía en tus movimientos. Y ahora dilo de nuevo, pero con voz enfadada, frunciendo el ceño y cruzándote de brazos. Detente un segundo y hazlo.

Fíjate. El mismo mensaje, sin variar ni una sola letra, cambia por completo la intención con la que lo emites dependiendo de las inflexiones que hagas con la voz y de tu mensaje corporal. En un caso estás encantado de que vuelva a haber croquetas en la mesa, mientras que en el otro estás completamente hastiado porque de nuevo te han servido las puñeteras croquetas.

Una expresión, un simple gesto, puede dar un giro completo al enfoque de tu discurso.

Seguro que esto te ha ocurrido alguna vez: estás conversando con alguien y no terminas de creerte sus palabras. Todo lo que dice parece tener sentido y está razonado, pero esa persona no suena sincera, no parece creíble. No te resulta convincente, aunque no sabes bien por qué te ocurre esto.

La respuesta es muy sencilla. En la mayoría de los casos será porque estará emitiendo un mensaje con su cuerpo diferente al que está enviando a través de sus palabras. Eso genera un cortocircuito comunicativo y hace que se active tu sistema de defensa antimentiras. Es algo similar a lo que los psicólogos conocen como «disonancia cognitiva», te están llegando dos mensajes opuestos, uno a través de sus palabras y otro a través de su comunicación corporal.

Por eso es tan importante que pongas el foco de atención en tu cuerpo. Debes emitir un mensaje armónico, una misma idea a través de tus palabras, tu cuerpo y tu voz. Mensaje y cuerpo deben ir siempre en la misma dirección. De lo contrario no sonarás creíble y eso, como ya sabes, significa no llegar a convencer.

Como ves, el cuerpo es un elemento comunicativo más y sirve para reforzar la idea con la que quieres convencer a tu audiencia. Pero esta herramienta tiene un riesgo, si no la usas de forma acertada, puede alejarte de tu público y restarte credibilidad. Por eso es esencial aprender a manejar la comunicación del cuerpo.

Al hablar de «comunicación no verbal», nos estamos refiriendo a cuatro elementos distintos que componen este tipo de comunicación y que se desarrollan en este capítulo:

1) La postura corporal.
2) El lenguaje de los gestos, en especial de las manos.
3) El uso del espacio personal.
4) La imagen personal, ya desarrollada en capítulos anteriores (Efecto Halo).

La postura convence

La postura es uno de los primeros impactos comunicativos que recibimos de una persona. La forma en la que está erguida, la posición de su cuerpo, el modo en el que ocupa el espacio e incluso la manera que tiene al caminar, todo eso nos manda un mensaje sobre nuestro interlocutor. Por ello es importante que cuides y trabajes tu postura corporal.

El primer paso es saber cuál es la postura correcta. Es muy sencillo. La posición del cuerpo debe ser erguida, abierta y firme.

— Erguida. De pie en forma vertical. Imagina que un hilo tira de tu coronilla hacia arriba: esa es la postura erguida. De esta forma evitarás bajar el cuello o la cabeza, generando la antiestética «chepa». Esto se consigue apretando ligeramente el abdomen, relajando los hombros y elevando la cabeza.
— Abierta. Evita a toda costa las posiciones de cierre, como cruzar los brazos o meter las manos en los bolsillos. Coloca los hombros hacia atrás de forma relajada, moviendo las escápulas en círculo hacia dentro, abriendo bien el pecho y situando las manos hacia delante.
— Firme. La firmeza de tu postura determina la seguridad de tus argumentos. Mantén los dos pies en el suelo, bien enraizados y abiertos a la altura de la cadera. Si bien las mujeres tienden a tener los pies algo más cerrados, mientras que los hombres suelen abrirlos más, esto debe ser siempre dentro de un orden y en armonía con el resto del cuerpo.

Al final del libro encontrarás ejercicios para mejorar tu postura corporal, pero ahora tómate un momento para tener conciencia de ella. Ponte en pie, cierra los ojos y examina parte por parte cómo está posicionado tu cuerpo. Empieza por los pies, el espacio entre ambos, su posición, si tienes las rodillas y las piernas firmes, la postura de tu cadera, cómo tienes posicionado el pecho, los hombros, los brazos, y, para finalizar, fija tu atención en si tu cabeza apunta hacia arriba o si tiene alguna inclinación. Deja el libro por un par de minutos y haz este simple ejercicio de conciencia corporal.

Conociendo dónde estás y qué postura tienes, ya sabes las correcciones que deberás hacer.

Cuando hables en público, es muy importante que trates de evitar posturas de cierre, como los brazos cruzados por delante, las manos detrás del cuerpo o en los bolsillos, entre otras. Estas posturas son percibidas como «defensivas» y generan una barrera física con tu audiencia.

Por otro lado, una postura inestable, que no está firme en el suelo, no solo da una sensación de inseguridad, sino también te genera incomodidad interna. Recuerda que la comunicación no verbal no solo afecta a quienes la ven, tu audiencia, sino también a ti mismo y a tu estado interior.

Por último, evita movimientos nerviosos y repetitivos. Por no saber cómo utilizar tu cuerpo es posible que acabes haciendo un pequeño balanceo o un pequeño «paseíllo» con los pies mientras hablas en público. Esto marea a tu audiencia, porque no saben dónde fijar su atención y, además, muestras una imagen de nerviosismo incontrolado. No solo importa la postura que mantienes, sino los movimientos que haces con tu cuerpo mientras hablas.

Y todo esto que acabas de leer se aplica igual a cuando comunicas sentado a una mesa. Muchas veces te tocará hablar desde un sillón, ya sea en una reunión de trabajo, en tu despacho con un cliente o en un coloquio con otros compañeros. La postura que debes mantener es la misma que cuando estás en pie, solo que adaptándola a estar sentado en una silla. Debes tener el cuerpo erguido, sin dejarte caer en exceso sobre el respaldo, evitando también recostarte sobre la mesa. Los brazos se colocan sobre el tablero y las manos se mueven con calma en la zona visible, nunca por debajo. Los pies bien plantados en el suelo para tener más seguridad y fortaleza en tu postura.

De pie o sentado. Hablando ante un gran público o en una pequeña reunión. La posición corporal es parte de tu comunicación. Una postura sólida, serena y abierta enviará un mensaje de seguridad a tu audiencia. Y eso convence.

Las manos cuentan tu historia

En el mundo de los gestos, las manos reinan. Con las manos haces énfasis en tus mensajes, regulas las intervenciones, provocas atención, generas tensión y calmas a tu audiencia. Las manos hablan, podríamos decir, casi tanto como las propias palabras. La gran duda es qué debes hacer con las manos.

Para saber cómo y dónde mover las manos, primero hay que entender que existen 5 tipos de gestos, según clasificaron los psicólogos e investigadores Paul Ekman y Wallace Friesen:

1) Emblema.
2) Ilustradores.
3) Reguladores.
4) Adaptadores.
5) Afectivos.

Comenzando con los gestos emblema, estos son señales intencionales que tienen una traducción directa a un término específico que debe ser conocido por los miembros del grupo. Por ejemplo, tanto levantar el dedo pulgar como símbolo de aprobación como levantar el dedo corazón como señal de insulto son gestos emblema porque pueden traducirse a un término conocido.

Cuando te despides de alguien agitando la mano estás usando un gesto emblema.

Al hablar en público, estos gestos sirven para dar énfasis a una palabra que quieres reforzar. Si mientras dices «mi producto soluciona tu problema», al decir la palabra «mi», pones la mano en tu pecho o te señalas a ti mismo, estás intensificando ese término.

Pruébalo tú mismo. Vete delante de un espejo y, sin mover el cuerpo, di «no quiero». Ahora vuelve a hacerlo, pero esta vez acompaña tus palabras diciendo que no con tu dedo índice, con fuerza y determinación. Ahora tu comunicación es mucho más directa, más impactante, y solo has añadido un pequeño gesto.

Ahora bien, estos gestos tienen un riesgo que debes tener en cuenta. No puedes recargar tu discurso de gestos emblema porque parecerías un mimo intentando describir cada palabra con un gesto. Este tipo de expresiones corporales solo deben usarse para remarcar una palabra concreta con la que buscas impactar a tu audiencia.

Pasamos ahora a los gestos ilustradores, los cuales son de gran importancia cuando hablas en público. También son gestos que enfatizan tus palabras, pero se diferencian de los gestos emblema en que los ilustradores no tienen una traducción directa a un término concreto. Son gestos que sirven para reforzar una palabra, pero no tienen un significado en concreto.

Se llaman ilustradores porque «ilustran» nuestro mensaje.

Tú mismo vas a experimentar este tipo de gestos. Ponte en pie y de nuevo, sin mover el cuerpo, di «los gestos emblema enfatizan mis palabras». Ahora, a la vez que dices «enfatizan mis palabras», mueve tus manos hacia delante, abriendo las palmas.

Como ves, el gesto de mover hacia delante las manos mientras las abres no tiene ningún significado concreto. Si eliminases la frase, esa acción que acabas de realizar no tendría ningún tipo de sentido. Y, sin embargo, al usar ese gesto mientras hablas, pones énfasis en tus palabras e ilustras el mensaje.

También tenemos los gestos reguladores. Son los movimientos que ocurren entre el emisor y el receptor para controlar los tiempos de intervención y dirigir la conversación. Estos gestos son indicativos de tomar el turno de palabra y son muy importantes al comenzar o terminar una conversación, pero también durante la misma.

El apretón de manos al saludar o despedirse es un gesto regulador. También lo es que alguien del público levante la mano para pedir la palabra.

Si aprendes a ver este tipo de gestos, que no solo se centran en las manos, serás un fantástico conversador, porque leerás a la perfección cuándo alguien quiere intervenir y le cederás el turno sin que tenga que hacer un esfuerzo por pedir la palabra.

Imagina por un momento que estás en una reunión de trabajo exponiendo algo importante. En un instante de tu intervención, observas que uno de tus jefes se estira ligeramente hacia arriba y abre un poco la boca. Enseguida preguntas a los presentes: «¿Hasta aquí todo claro?», y esta persona hace una puntualización sobre lo que estabas comentando en tu presentación. Le dejaste intervenir porque viste un gesto regulador, su cuerpo quería tomar la palabra.

Acabas de ganar un punto con tu jefe. Y lo mejor es que él todavía no lo sabe.

Los gestos adaptadores no aportan nada a tu mensaje, no sirven para ilustrar ni para enfatizar lo que estás exponiendo. Podrías incluso eliminarlos sin afectar de forma negativa a tus palabras, es más, debes tratar de reducirlos al máximo. Son movimientos que hacemos cuando estamos incómodos o nerviosos. Por ejemplo, rascarse el cuello o la cabeza, frotarse la nuca o tocarse la nariz serían gestos adaptadores.

Estos gestos los realiza tu cuerpo de forma involuntaria para gestionar una emoción y hay que tratar de controlarlos. Denotan nerviosismo e inquietud y restan credibilidad a tus palabras.

Para saber si haces este tipo de gestos, grábate una intervención en público. Verás cómo realizas muchos movimientos de los que ni siquiera eras consciente que hacías. Te colocas el pelo detrás de la oreja, te tocas la parte exterior del brazo o empiezas a jugar con un anillo o bolígrafo. Toma conciencia de estos gestos para llegar a eliminarlos.

Para finalizar, tenemos los gestos afectivos. Sirven para comunicar emociones a nuestra audiencia y se aprecian por los cambios en las expresiones faciales, acercamiento del cuerpo, postura corporal... Son gestos muy interesantes de conocer porque podemos llegar a «leer» a la persona que tenemos delante. Estos gestos son muy estudiados en el ámbito de la seducción no verbal y hay grandes autores dedicados en exclusiva a este tipo de expresiones corporales.

Como has podido comprobar, el cuerpo al completo comunica y, en especial, las manos. Un mal gesto podría arruinar por entero toda nuestra intervención, por eso es tan importante no solo preparar lo que vamos a decir, sino también qué mensaje va a transmitir nuestro cuerpo durante el discurso.

Controla tus manos para que sean parte de tu historia.

¡Ese es mi sitio! Moverte al hablar en público

Si tu cuerpo comunica, es lógico concluir que la posición que ocupe en el espacio también lo hace. Tanto la forma en la que reclamas tu espacio como la manera en la que te mueves por el escenario son un modo de comunicación. A través del movimiento envías un mensaje a tu audiencia. Y, como todo mensaje, debes controlarlo para reforzar la idea que expones.

En realidad, sabes hablar mientras caminas porque lo haces todos los días. Cuando estás con amigos andando por la calle, no tienes que detenerte para hablar, sino que conversas mientras vas caminando. Como ves, tienes la capacidad de hablar y caminar, no es algo nuevo o que no hayas hecho nunca.

El gran problema es que, cuando te enfrentas a una audiencia, tus piernas se agarrotan y acabas por quedarte estático, como una escultura griega. Pero te acabo de demostrar que ya eres un experto en andar mientras conversas, solo tienes que trasladar esa técnica a un escenario y vas a aprender cómo hacerlo con una sencilla regla:

Recorrido ⟶ Meta

Un gran error que corrijo en políticos y empresarios que tienen que hablar de pie es que no hacen la técnica de Recorrido-Meta. Ya sea porque se mantienen demasiado estáticos en el escenario, sin moverse lo más mínimo, o porque comienzan a hacer un paseíllo (casi siempre en pequeños círculos) sin detenerse en ningún momento.

Ambas situaciones, por exceso o defecto de movimiento, son equivocadas. Tanto si te mueves de forma incorrecta como si no te desplazas del sitio, estás perdiendo la fuerza de la proxémica cuando hablas en público.

La proxémica, o proxemia, es la rama que estudia la organización del espacio en la comunicación humana. Uno de los padres de esta ciencia es el antropólogo estadounidense Edward T. Hall, quien señaló la importancia del uso del espacio en nuestras intervenciones sociales.

En definitiva, la proxémica es la forma en la que ocupas el espacio cuando te relacionas con las personas.

La técnica del Recorrido-Meta funciona de la siguiente manera: cuando comienzas a hablar, tomas posesión de un lugar concreto del escenario. Y desde ese punto, una vez hayas hablado durante unos segundos, te desplazas hacia otro lugar (recorrido) y te detienes en él (meta) para continuar hablando desde ahí. Es tan sencillo como hablar-caminar-parar-hablar y repetir.

En la mayoría de los casos, esos desplazamientos solo serán un par de pasos, un ligero movimiento hacia un lateral es más que suficiente para que proyectes una imagen de control del escenario y, por tanto, de seguridad cuando hablas en público.

Ahora bien, para utilizar correctamente el espacio del que dispones al hablar en público, es importante entender los distintos escenarios que puedes llegar a encontrarte cuando haces una exposición, conferencia o discurso. Existen dos tipos de escenarios muy comunes, el clásico y el escenario en forma de U.

Escenario clásico

Es el escenario más repetido y utilizado en conferencias. Todas las sillas apuntan en la misma dirección y el orador se sitúa enfrente de toda la audiencia, pudiendo estar a la misma altura del público o algo más elevado. Este tipo de escenario lo vamos a dividir en cuatro partes diferenciadas.

Tenemos la zona 1. Zona central delantera, donde deberás estar la mayor parte del tiempo. Es la zona que más cerca está de toda la audiencia y es donde mejor se proyecta nuestra voz y cuerpo. Pero quedarnos anclados en ese punto sería un error, porque estaríamos perdiendo el uso de la proxémica.

Por lo tanto, debes hacer la técnica del Recorrido-Meta entre los distintos puntos. Comenzando desde el punto 1, te desplazas hasta el punto 2 y te detienes en ese lugar para continuar hablando durante unos segundos. Desde ahí pasas de nuevo al punto 1 o hasta el 3. El objetivo es ir desplazándote entre esos 3 puntos del escenario deteniéndote lo suficiente en cada uno para «tomar posesión» de ese punto del estrado.

Es importante que, aunque estés en alguno de los laterales del escenario (punto 2 o 3), tu comunicación se abra hacia todo el público y no solo la dirijas a las personas que están cerca de tu sector. Para ello, proyecta el cuerpo hacia el centro de tu audiencia, así comunicarás de forma abierta con todas las personas presentes sin importar dónde estés situado en el escenario.

La parte trasera del escenario, el punto 4, se reserva para cuando tienes que retirarte y dejar mayor visibilidad al público. Por ejemplo, cuando vas a proyectar algo o si hay alguien más en el escenario y comienza su intervención, entonces te retiras a la parte trasera para darle toda la atención a esa persona.

Recuerda: recorre el escenario entre sus distintos puntos a través de la técnica Recorrido-Meta y continúa moviéndote, haciendo pausas tras llegar a esos puntos.

Escenario en U

Este es más común en salas pequeñas y presentaciones ante empresas. El público se sitúa en una mesa en forma de U y quien expone tiene que hacerlo sentado o desde el centro de la sala. Este es de los escenarios más difíciles para hablar en público, pero tiene un truco que lo simplifica bastante.

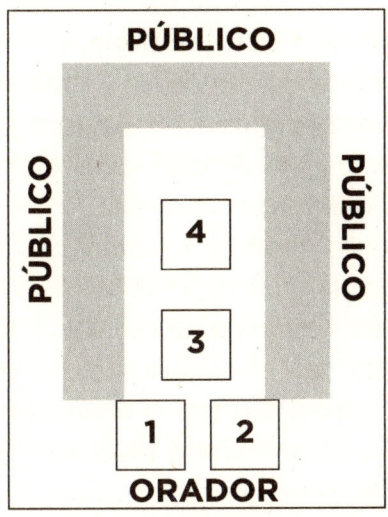

Aquí dividimos el escenario en 4 sectores. Cuando expongas, debes hacer la mayor parte de la intervención en los puntos 1 y 2, ya que tienes a todo el público delante de ti y tu cuerpo se proyecta hacia los asistentes. Pero, si quieres mandar un mensaje de autoridad y seguridad, de vez en cuando, y no por mucho tiempo, avanza hacia los puntos 3 y 4. Es cierto que en esos puntos ocurre que tienes público a tu espalda, algo que debes evitar en la mayoría de los casos, pero no es tan importante si se hace por un corto período de tiempo.

La regla es sencilla. En este escenario en forma de U, muévete sobre todo por los sectores 1 y 2, aunque alguna vez puedes llegar a desplazarte a las zonas 3 y 4 para hacer uso de la proxémica y proyectar una imagen de seguridad, siempre por unos instantes para no darle la espalda a los asistentes excesivamente.

Te voy a dar un **truco final** que te va a servir para hacerte con todos los escenarios posibles. Es un ejercicio muy sencillo de realizar y que va a generarte una gran confianza cuando tengas que hacer una exposición pública. Es tan sencillo como ir a ver el escenario antes de tu intervención.

Te puede parecer una tontería, pero es algo que hago siempre que voy a dar una charla o conferencia. Al estar en el lugar antes de que llegue tu audiencia, tienes tiempo para andar por el escenario, comprobar la luminosidad, la resonancia de la voz y tomar posesión del espacio.

En conclusión, cuando las personas ya hayan ocupado sus asientos y sea tu turno para intervenir, ya estarás en un sitio conocido, en una zona más cómoda. Recuerda la técnica de «prevenir los imprevistos» del primer capítulo, esto se aplica de la misma manera. Estás haciendo del espacio tu «zona de confort» mucho antes de que tengas la presión de la audiencia delante. Simple y efectivo.

Ya sabes cómo desplazarte en los dos escenarios más comunes que vas a encontrar y qué hacer para generarte seguridad antes incluso de que empiece la charla.

Muévete para conectar con tu audiencia.

Muévete para proyectar seguridad.

La voz de la persuasión

Si te digo que pienses en una voz que enamora, seguro que se te viene alguien a la cabeza. Puede que fuera uno de tus profesores del instituto o la universidad. Quizá una recepcionista de hotel que te atendió con una voz dulce y aterciopelada, o el panadero de tu calle con esa voz profunda y directa..., sea quien sea, seguro que ya tienes a alguien en tu mente.

Ahora te pido que pienses en una voz soporífera, de esas que de solo oírlas se aburren hasta las piedras y te hace desconectar hasta de los temas más interesantes. Seguro que ya te has acordado de alguien.

Fíjate lo increíble que es el poder de la voz. La capacidad que tiene el simple sonido de tus cuerdas vocales al vibrar para generar tensión, fuerza o interés y, a la vez, para calmar, tranquilizar e incluso aburrir, aunque estés hablando de un asunto de gran atractivo para los asistentes. Esto demuestra una regla esencial de la comunicación:

Importa tanto lo que dices como la forma en la que lo dices.

La voz es una de las herramientas comunicativas más importantes que tienes. Y aquí aprenderás a utilizarla para convencer.

El proceso completo para generar la voz es mucho más complejo de lo que puede parecer. Es el resultado final de activar todo tu aparato fonador, compuesto por cuatro subsistemas diferentes:

— Respiratorio. Es el sistema que provee el aire esencial para producir sonido. Está formado por los músculos que contribuyen a la respiración y los pulmones.
— Fonatorio. Encargado de producir el sonido, constituido por la laringe, en donde se encuentran nuestros pliegues (cuerdas) vocales, que vibran y generan el sonido.
— Resonancial. Es el sistema que participa en la emisión de la voz dando forma y amplificando el sonido. Lo constituye la faringe, la cavidad bucal y las fosas nasales.
— Articulatorio. Este sistema se encarga de convertir el sonido en fonemas (sonidos que conforman las palabras), y se activa con la lengua, los dientes y los labios.

No te cuento todo esto para dármelas de erudito de la voz, ni mucho menos, sino para que tomes conciencia de todo lo que activas cuando comienzas a hablar, más aún si es ante un público. Desde ahora, ya sabes cómo funciona tu voz y los distintos elementos que deben funcionar para que «suene». En las siguientes páginas y en los ejercicios finales, lograrás mejorar cada uno de los anteriores sistemas para conseguir tener una voz persuasiva.

Pero volviendo a la esencia de la voz, debes saber que es eso, sonido. Es el aire pasando a través de las cuerdas vocales, haciéndolas vibrar. Somos un instrumento de viento andante, y lo digo de forma literal. Por lo tanto, como todo instrumento de viento, el flujo de aire es fundamental para afinar y dar así con la nota correcta. La respiración es la base de nuestra voz.

Si vuelves al primer capítulo, ahí te enseñé una técnica para respirar con el diafragma y así lograr reducir el miedo escénico. En realidad, me quedé corto en la explicación. Con ese ejercicio, además de calmar los nervios cuando hablas en público, aprendiste a utilizar el diafragma de forma correcta. Vuelve a realizar esa actividad tantas veces como sea necesario para lograr activar la respiración profunda o diafragmática y, de esa manera, podrás tener un mayor flujo de aire cuando comuniques ante una audiencia.

Controlar la respiración significa dominar la voz.

Los 4 elementos de la voz

Ya conoces la fisiología de la voz. Pero no compraste este libro para aprender anatomía (lo que nunca viene mal), sino para convencer con tus palabras y hablar con seguridad ante una audiencia. Para lograrlo, hay tres elementos de la voz que debes conocer y aprender a dominar: intensidad, tono y ritmo. A estos tres se le añade un cuarto, el timbre, que se estudia con más profundidad en otros sectores de la comunicación, como el teatro o el cine.

Intensidad

Entre un susurro y un grito hay un cambio de intensidad. Es la fuerza con la que proyectas tu voz que de forma coloquial llamamos volumen.

La variación de la intensidad depende de la fuerza de la espiración. A mayor presión del aire atravesando las cuerdas vocales, más intensidad o volumen. Haz un simple ejercicio para entenderlo, coloca la palma de tu mano justo delante de tu boca. Ahora di una frase como «Buenos días, compañero» en tono bajo, en tono medio y casi gritando. Hazlo intentando percibir el aire que recibe tu palma y cómo el sonido vibra dentro de tu boca.

Habrás notado que el aire sale con más presión cuando subes el volumen. Fantástico, acabas de aprender a regular la intensidad de tu voz.

Piensa que la intensidad debe adaptarse a la audiencia y a lo que deseas generar en ella. Un volumen de voz bajo constante acabará generando aburrimiento y sueño, incluso habrá palabras que no se entiendan porque no se habrán escuchado. Por el contrario, si elevas demasiado tiempo la intensidad, generas una tensión en tu audiencia que terminará por ser molesta.

Estos cambios de intensidad tienen un doble objetivo. Por un lado, matizan tus palabras. Cuando dices algo íntimo, algo personal, bajas la intensidad para que los oyentes agudicen el oído y presten más atención. Y si tu intención es generar fuerza, tensión y energía, entonces subes la intensidad y tu voz alcanza hasta el final de la sala. Por otro lado, los cambios de intensidad generan emoción y conectan con la audiencia, esto hace que tu público siga conectado a tu mensaje. Si realizas estas variaciones, tu auditorio estará expectante a tus palabras e irás conduciéndolos con la voz a través de tu mensaje.

Cambia de intensidad para atrapar a tu audiencia.

A veces, de forma equivocada, se aconseja elevar la voz para hacerse notar durante una exposición o en una conversación. No se podría estar más equivocado. La intensidad debe modularse y regularse según la situación, una intensidad constante acaba perdiendo su efecto y se convierte en monótona. Por lo tanto, durante tu charla, debes ir regulando el volumen de tu voz, igual que haces con el tono.

Tono

Estás delante de un piano y tocas el do central. Tiene un sonido claro, diferenciable. Ahora, con la misma fuerza, tocas un do bajo y, a continuación, pasas a tocar un do alto. Las notas tenían la misma fuerza (intensidad), pero lo que ha variado es el tono, uno era más grave y el otro sonaba más agudo. Eso es el cambio entre tonos y la suma de todos ellos es lo que llamamos «entonación».

Piensa por un momento en cuando hablas con un niño pequeño que quiere jugar contigo al escondite. Recuerda la voz que utilizas para decirle: «Vale, yo cuento y tú te escondes». Es una voz más alta y aguda.

Ahora, imagina otro escenario. Llegas tarde a casa, después de un largo día de trabajo, y tu pareja te dice que le apetece ir a cenar fuera. Tú solo quieres quedarte en el sofá descansando y le contestas que hoy no te apetece mucho salir. ¿Con qué tono se lo dices? Seguro que usarías un tono más bajo, grave e incluso lento, demostrando el cansancio de tu cuerpo a través de tu voz.

Como ves, ya sabes modular el tono de la voz, lo haces en tu día a día. Ahora debes trasladar a tus exposiciones esos mismos cambios de tonalidad que realizas de forma cotidiana. Igual que al usar la intensidad, según el mensaje que busques proyectar, utilizarás un tono u otro.

Un tono agudo, sostenido en el tiempo sin variaciones, genera tensión y estrés, mientras que el grave tiende a proyectar calma y tranquilidad, pero aburre si se convierte en un sonido plano y constante. En la variación está la clave de la comunicación atractiva.

Uno de los grandes errores que se cometen al entonar la voz es lo que se llama «voz cantada». Consiste en terminar en agudo las frases, lo que genera una distorsión del mensaje, restándole credibilidad.

Ritmo

El tercer elemento de la voz es el ritmo, esto es, la velocidad del sonido y sus pausas. De nuevo, igual que con los elementos anteriores, el ritmo de tus palabras imprime un sentido y una intencionalidad a nuestro mensaje.

Si hablas de forma rápida y sin pausas no tienes la misma comunicación que cuando hablas de forma lenta…, pausada…, con espacio…

Por lo tanto, con la voz puedes tener un ritmo veloz y enérgico o, por el contrario, uno más tranquilo y sosegado. Todo depende del mensaje que quieras proyectar a tu público. En mis formaciones, y más en concreto en las mentorías que realizo con políticos que deben hacer intervenciones extensas, enseño una regla sencilla:

— El ritmo lento se utiliza para aquello que quieres remarcar y que quede en la mente de tu audiencia. Si vas a decir el titular o la idea principal de tu intervención, hazlo despacio.
— Acelera la voz para aquellos momentos en los que busques generar un punto de energía, alegría o tensión en los oyentes, en concreto cuando quieras que realicen una acción (como, por ejemplo, aplaudir).
— El resto del tiempo mantén un ritmo natural, de esa forma el público podrá percibir cuándo aceleras o frenas la velocidad de tu mensaje.

Lo más importante se dice lento. Lo más enérgico se dice rápido.

Timbre

Este es el más complejo de los elementos anteriores. Es el resultado de utilizar de forma adecuada todos los subsistemas mencionados. Cuando esto ocurre, se obtiene un sonido único y característico, personal: es el sonido de tus cuerdas vocales amplificado en tus resonadores de la cara (boca y nariz).

Suena tu teléfono y contestas sin llegar a mirar el nombre. Entonces, al segundo de escuchar su voz diciendo el primer «hola», ya sabes que es tu madre quien te está llamando. Ese sonido único, esa «huella dactilar» de la voz, es lo que se conoce como timbre. Podría marcarte al móvil otra persona diciendo exactamente el mismo «hola», con idéntico tono, intensidad y ritmo…, pero no sonaría como tu madre. La voz de ella es única, como la de todos los seres humanos del planeta.

El timbre es lo que diferencia tu voz de todas las demás.

El timbre se estudia mucho y en profundidad en el mundo del teatro, cine y doblaje. En el sector del espectáculo es necesario cambiar la voz para interpretar a distintos personajes. Aprender a utilizar con corrección nuestros resonadores, vocalizar con amplitud y tener una buena dicción son componentes fundamentales para tener una comunicación correcta y persuasiva. Al final de este libro encontrarás ejercicios para mejorar la dicción y la pronunciación.

Ya tienes todos los elementos de la voz. Ahora debes aprender a jugar con ellos para lograr una voz agradable, atractiva y convincente.

La técnica de la montaña rusa

En varias charlas, conferencias y libros de comunicación he observado a grandes profesionales señalar que, para captar la atención de tu audiencia, debes hacer cambios y modulaciones con la voz. Por ello, para que tu voz suene persuasiva, es importante combinar los elementos anteriores —tono, intensidad, ritmo y timbre—, y para lograrlo debes utilizar la estrategia que aprendí de todos estos expertos en comunicación: la técnica de la montaña rusa.

Piensa en la voz como si fuera una montaña rusa, una de esas enormes de los grandes parques temáticos que tiene zonas altas, bajas y lugares estables de descanso que anticipan nuevos ascensos y caídas al vacío. Es imposible aburrirse en ese tipo de atracciones. Esa misma sensación tienes que generarla en tu público, la emoción de subirse a una atracción de su parque temático favorito, todo a través de tu expresión vocal.

El primero de los componentes, los cambios de tono, serían las subidas, las bajadas y los *loopings* de la montaña rusa. Algunas veces, la voz se desliza con suavidad por una curva amplia, mientras que, en otras ocasiones, puede dar giros bruscos y repentinos, como los cambios entre tonos graves y agudos.

La intensidad se representa por la fuerza que sienten los pasajeros del vagón, esa sensación de rugido atronador o, en otros casos, esos sonidos suaves y calmados que permiten tomar aliento antes del siguiente cambio. La intensidad es la sensación de energía que debe sentir tu público.

El ritmo es la velocidad del vagón, que puede ser normal, algo más lento o uno mucho más acelerado. Según la velocidad que emplees, permitirás que cada palabra sea saboreada por tu audiencia, como el tramo lento antes de una gran bajada, mientras que otras veces serás mucho más rápido, como la emoción y la adrenalina fruto de una caída libre.

Por último, el timbre es la calidad única y distintiva de la voz, puede compararse con la sensación de la montaña rusa mientras atraviesa diferentes terrenos y estructuras. Algunas voces pueden resonar con suavidad, igual que el viento en los oídos durante un suave descenso por la atracción, mientras que otras pueden tener una resonancia poderosa y vibrante, como el estruendo de la montaña rusa al atravesar un túnel.

Convierte tu voz en una atracción para tu audiencia. Haz que vibren, que salten, que se emocionen…, no dejes a nadie indiferente.

¡CORRIGE ESAS MULETILLAS!

Este es uno de los temas más comentados en mis clases y conferencias: las muletillas. La gente tiene un pánico enorme a las muletillas, como si fueran algo terrible que rompe y condiciona toda su comunicación.

Cuando se habla de «muletillas» se hace referencia a esas palabras, frases o expresiones innecesarias que se repiten de manera mecánica e involuntaria. Al corregir las muletillas de los asistentes a mis charlas, la inmensa mayoría de ocasiones ni siquiera son conscientes de que las están cometiendo; esto ocurre porque las usan de manera automática.

Así que podemos definir las muletillas como una expresión repetida de manera involuntaria que no aporta ningún tipo de valor comunicativo, al contrario, puede llegar incluso a interferir en el mensaje y en la propia imagen del ponente.

Para eliminar las muletillas de tu comunicación, primero debes saber identificar cuáles de ellas cometes al hablar en público. Existen tres tipos de muletillas diferentes:

— De pausa vocalizada: estas ocurren cuando se coloca un sonido donde debe ir una pausa. Por ejemplo: «David fue al campo yyyyy allí encontró una vaca yyyy...». Como ves, en lugar de hacer una pausa, aquí se alarga la conjunción «Y». También ocurre cuando se alarga la última vocal de las palabras, dejando la frase sin ningún tipo de pausa.

Esto sucede porque tenemos horror al silencio. Cuando alguien tiene miedo escénico, las pausas acentúan esos nervios, por lo que se busca rellenarlas con cualquier tipo de sonido. Al final, lo que se consigue es una distorsión del mensaje porque, al no haber pausas, el cerebro de la audiencia no es capaz de sintetizar el mensaje, diferenciando lo importante de lo superfluo.

— De expresión: este tipo de muletillas ocurren cuando se repite una expresión innecesaria muchas veces. Ahora mismo en España está de moda decir «en plan». Cada pocas palabras se pronuncia la locución «en plan», como si fuera el conector perfecto entre todas las ideas de una conversación. Este es un ejemplo de muletilla y cada persona puede tener una expresión diferente, como podría ser «o sea» o también «a ver».

Te voy a confesar algo, yo tengo una muletilla muy arraigada que me cuesta eliminar y es la palabra «entonces». La utilizo sin darme cuenta entre las frases y me cuesta mucho controlarla. Sí. Los profesionales también tenemos muletillas.

— De validación: esta es muy común cuando alguien tiene nervios al comunicar. Aquí lo que suele ocurrir es que se sitúa una pregunta de validación al final de las frases, pudiendo ser: «¿no?», «¿sí?», «¿bien?», «¿claro?»...

Si cometes esta muletilla, tienes que saber que le estás restando mucha credibilidad a tu mensaje, porque da la sensación de que necesitas constantemente la aprobación de tu audiencia. Es correcto preguntar alguna vez: «¿Me he explicado bien?», para comprobar que tu público sigue tus palabras, pero ese tipo de muletillas quita firmeza a tu mensaje, porque la audiencia percibe que no estás seguro de tu exposición. Evítala.

Ahora que ya sabes qué son y qué tipos de muletillas hay, voy a decirte algo que te va a sorprender: tener muletillas no es tan grave.

Sí. Me imagino que te has llevado las manos a la cabeza, pero es cierto. Las muletillas no son tan malas como las personas creen. Todos tenemos muletillas, yo mismo tengo algunas que me cuesta mucho controlar y eliminar, como ya te he reconocido. La clave es que la muletilla no sea tan grave como para distorsionar tu mensaje.

Piensa en las muletillas como en ese ruido blanco que tiene la radio cuando no termina de sintonizar bien. Si es ligero y casi imperceptible, no afecta a la canción o programa que estás escuchando. El problema surge cuando ese sonido, la muletilla, impide que la audiencia escuche tu mensaje de forma clara y precisa. Ahí sí hay un problema que debe ser abordado y solucionado.

Y ahora planteemos la pregunta del millón, que seguro que te estás haciendo desde que empezaste a leer estas líneas: ¿cómo se corrigen las dichosas muletillas?

Existen muchas maneras de corregir esta distorsión del habla y al final del libro encontrarás algún ejercicio específico para lograrlo. Aquí te dejo uno muy sencillo que puedes practicar desde este mismo momento.

Es tan sencillo como hablar más lento y con más pausa. Sé que parece un poco absurdo, pero las muletillas tienden a aparecer cuando quieres hablar con demasiada velocidad. Esto hace que la mente no ponga atención en cómo dices las cosas, porque está demasiado ocupada controlando toda la información que estás diciendo. Al cerebro le cuesta hacer dos cosas a la vez. Al reducir la velocidad en la que hablas, pones atención en si estás utilizando muletillas y puedes llegar a corregirlas.

Habla más lento y con pausas para corregir tus muletillas.

5
LAS EMOCIONES ARRASTRAN

No es casualidad que este capítulo se titule «Las emociones "arrastran"», ya que esta es la palabra que describe con mayor fidelidad qué efecto ejercen las emociones sobre nosotros: arrastrarnos. Nos empujan y llevan como un implacable torrente de agua.

En este capítulo podrás comprobar la influencia que tienen las emociones a la hora de condicionar y convencer a una audiencia, también aprenderás las formas de emocionar a tu audiencia y, por último, cómo las historias son uno de los vehículos más eficaces para transmitir los sentimientos.

Una crítica muy común que recibo en mis charlas cuando hablo de la influencia de las emociones es que estas sirven para manipular. Quizá, hasta tú mismo lo hayas pensado alguna vez. Esta es una idea equivocada. Recuerda que la emoción es uno de los tres pilares de la persuasión, junto a la razón y la credibilidad del orador. Si se emplea de forma sincera, sin intención de engañar a los oyentes, los sentimientos son tan válidos para convencer como lo es presentar una argumentación sólida y razonada. Es una herramienta más, su legitimidad depende de cómo la uses y con qué objetivo.

Estar en contra de usar las emociones porque pueden manipular es igual que ser contrario a utilizar argumentos porque pueden convertirse en falacias. La clave es la sinceridad con la que usas esos instrumentos comunicativos.

No tengas miedo a emocionar. Es parte de la persuasión.

El sentimiento mueve, la razón mantiene

Hace un tiempo, mientras investigaba el funcionamiento de nuestra mente cuando tratamos de convencer a la audiencia, encontré un concepto que revolucionó todo lo que había aprendido hasta ese momento sobre comunicación y emociones. Se resume en la frase que titula este apartado: el sentimiento mueve, la razón mantiene.

Numerosos estudios científicos, incluidos los del psicólogo social Robert B. Zajonc, han demostrado la influencia directa de nuestras emociones en nuestras decisiones. Según Zajonc, cuando experimentamos emociones positivas, como la alegría, es más probable que lleguemos a conclusiones precipitadas por no detenernos a analizar todos los datos de los que disponemos en ese momento. Este efecto también se aplica a emociones como el miedo, el placer o el dolor, donde las respuestas afectivas pueden surgir más rápidamente y de manera más automática que las cognitivas.

A esto se le conoce como el «afecto heurístico». Este concepto se basa en que los procesos cognitivos, es decir, las operaciones mentales que realiza nuestro cerebro para procesar información y tomar decisiones, no están libres de influencia emocional. Al contrario, las partes de nuestro cerebro centradas en el pensamiento racional están conectadas con aquellas que se dedican a la gestión emocional. Aunque son zonas cerebrales diferentes, existe una estrecha relación entre ambas.

No hay emoción sin razón. Ni tampoco hay razonamiento libre de emoción.

Piensa en un caso que, en principio, debería ser racional y libre de toda influencia emocional: una partida de ajedrez. En concreto, las partidas jugadas por Bobby Fischer y Boris Spassky durante el mundial de 1972, en plena Guerra Fría. Una partida de ajedrez es, *a priori*, uno de los actos más racionales que puede existir en todo el planeta. Cada movimiento es meditado en profundidad, sopesando qué piezas descubres y qué casillas pasas a defender, siempre teniendo en cuenta las infinitas posibilidades que tiene el rival para contestar tus acciones en el tablero. No existe nada más racional.

Error. Las partidas de ajedrez están plagadas de emociones. Los contrincantes buscan la emoción de la victoria, ambos quieren ganar y demostrar sus habilidades frente al rival. Y si estás disputándote el honor y la gloria de tu nación, como Fischer contra Spassky, la partida tiene todavía mayor carga sentimental. Todo el despliegue mediático en torno a este mundial que realizó cada bloque de la Guerra Fría es pura emoción. Se invirtieron enormes recursos en publicidad, prensa, personal y medios de información para mostrar la excelencia de sus púgiles. Todo eso era emoción. Si lo analizas con frialdad, era una simple partida de ajedrez entre dos personas que apenas se conocían, pero viéndolo en perspectiva sabemos que no, el trasfondo era mucho más que eso.

Ansias de victoria. Aversión a la derrota. Exhibición de fortaleza. Mostrar qué bloque es el dominante... Seguro que ya no ves el ajedrez como un acto exclusivamente racional. Pero este libro no va de ajedrez, va de comunicación.

Con este ejemplo quería demostrarte lo que llevo defendiendo desde la primera línea de este capítulo: no es posible convencer sin hacer uso de la emoción. Por muy lógico y racional que sea tu discurso, siempre tendrá pinceladas emocionales entre sus líneas. Por eso es tan importante que aprendas a usar las emociones de forma efectiva, porque si no las eliges con cuidado puedes acabar generando un sentimiento contrario al que buscas, lo que pondría a todo el público en contra de tus palabras.

Ahora bien, que la persuasión tenga un fuerte componente emocional no significa que deba obviarse la parte racional de los argumentos, ya que las emociones son cambiantes. Un ejemplo de esto mismo es que un día sientes una gran felicidad y al día siguiente tienes la sensación contraria, te invade la tristeza sin que exista motivo alguno. Por lo tanto, si basas tu capacidad de convencer únicamente en la fuerza de las emociones, en el momento en que estas varíen cambiará también la persuasión.

La emoción es variable y debe apoyarse en razones para ser persuasiva.

Esto se ilustra con mayor claridad en la esfera política. A lo largo de la historia, han existido partidos políticos que se apoyaron en las emociones para crecer en votos. El gran problema es que, una vez que esa emoción decaía, ya fuera por la gestión de sus dirigentes o porque ese sentimiento se desvanecía con el tiempo, también se deshinchaba el número de votantes de ese partido. Igual que subieron con la emoción, desaparecían cuando esta se disipaba. Como un *soufflé*.

Por eso, a la hora de presentar un proyecto, vender un producto o simplemente convencer a tu pareja para ir a la montaña este fin de semana, debes hacer uso de ambas herramientas: razón y emoción.

Pongamos un ejemplo que podrás trasladar a tu caso concreto: imagina que trabajas en un concesionario y quieres vender un coche a un posible cliente. Para convencerle de que tu coche es una fantástica opción, le hablas de la excelente relación calidad-precio (racional) que le va a hacer ahorrar dinero (emocional); también le explicarás el fantástico acabado interno (R), lo que supone una gran comodidad para el conductor (E); y, además, podrás mencionarle la potencia extra del motor (R) que hace que sientas cómo te despegas del asiento (E).

Como puedes ver, el mensaje es mucho más persuasivo al combinar tanto la parte racional como la emocional. Al complementar estas dos formas de pensar de nuestro cerebro, consigues darle vida a tus argumentos y sentido a tus emociones. A partir de ahora, debes estructurar todas tus presentaciones de forma que tus palabras contengan tanto razón como emoción.

Convencemos con la emoción y justificamos con la razón.

Llegados a este punto debo hacer una advertencia. La emoción, el *pathos* que llamaba Aristóteles, funciona igual que la sal en la comida: es malo quedarse corto, pero es aún peor excederse. El actual término «patético» viene de esa palabra griega y hace referencia a alguien con un sentimiento tan desbordado que llega a hacer el ridículo.

¿Un niño que tiene un berrinche porque no le dan postre? Patético.

¿Un adulto que se ríe en un momento triste? Patético.

La regla a seguir en estos casos es bien sencilla: no seas patético. Mide bien la cantidad de emoción que imprimes a tus argumentos y tus expresiones, porque si desbordas de sentimientos por encima de lo que se considera «normal» en una situación concreta, es muy posible que el público acabe desconectando de tu mensaje por parecerle excesivo. Deja que sea tu audiencia la que se emocione, así que no exageres tus sentimientos.

Además de la probada capacidad persuasiva de los sentimientos, también están muy relacionados con el recuerdo. Intenta recordar por un momento qué cenaste el martes de hace dos semanas. Es muy probable que no lo consigas, es normal. Pero si ahora te pido que pienses en una cena fantástica, maravillosa, que hayas tenido con tus amigos o tu familia..., seguro que ya se te ha ocurrido una. Quizá recuerdes una cena navideña con toda la familia, una romántica noche con tu pareja o un simple picoteo con amigos que acabó con cientos de risas. Sea como sea, ya has pensado en una cena concreta. Ese momento fue hace mucho más tiempo que el que tuviste hace dos semanas, sin embargo, mientras este último no lo recuerdas, aquel puedes rememorarlo con toda claridad. Este ejemplo lo pongo en mis conferencias para demostrar cómo recordamos lo que nos conmueve, lo que nos hace sentir.

Incluso si analizamos la palabra «recordar», este vocablo viene del latín *recordari*, que une los términos *re-* (de nuevo) y *-cordis* (corazón). Recordar significa «volver a pasar por el corazón». Si quieres que tu audiencia te tenga presente, si quieres que tus frases resuenen en su cabeza, tienes que hacerles reír, gritar, llorar, gozar, sufrir…, tienes que hacerles sentir.

Está demostrado por numerosos estudios que las emociones afectan directamente a la forma en la que nuestro cerebro almacena los recuerdos. Y este proceso también ocurre a la inversa, por eso ciertos recuerdos nos generan sensaciones, pudiendo llegar a provocarnos una sonrisa o una lágrima. La memoria y la emoción son procesos que están íntimamente relacionados.

Muchos de los asistentes a mis consultorías y charlas tienen temor a expresar sus emociones por miedo a hacer el ridículo. Los comprendo. Es un proceso difícil abrirse y transmitir esas emociones sinceras sin caer en el exceso, pero es la única manera de conectar con los sentimientos de tu audiencia. Con las emociones tienes que arriesgarte hasta encontrar ese equilibrio que logrará generar vínculos con tu audiencia y hará que tus palabras sean recordadas.

Si no emocionas, no te recuerdan.

Ahora que ya has entendido cómo funcionan las emociones en la comunicación y la forma en la que los sentimientos se entrelazan con los argumentos, es el momento de aprender cómo integrar las emociones en tu discurso para hacer que lleguen a toda tu audiencia.

Si te emocionas, convences

La regla para que tu público sienta emociones durante tu intervención es tan sencilla como compleja de ejecutar:

Si quieres emocionar, primero tienes que emocionarte tú mismo.

Salvo que seas un aclamadísimo actor o actriz capaz de evocar un sentimiento aun cuando no lo estés sintiendo, es imprescindible que sientas la emoción que quieres trasladar a tu audiencia. Debes permitir que esa sensación recorra todo tu cuerpo, entre dentro de tu carne y salga por cada centímetro de tu piel. En todas mis charlas señalo que si contienes tus emociones acabarás siendo un orador de cartón, artificial. Piénsalo por un momento:

¿Cómo sabes que tu jefe está enfadado sin que te lo haya dicho?

¿Cómo percibes que tu pareja está alegre, aunque no sepas el motivo?

Por su lenguaje corporal, por sus movimientos, su mirada y su voz. Incluso tú mismo cambias los gestos el día que estás alegre o el día que tienes nubarrones emocionales. Esto ocurre porque los sentimientos se exhiben a través del cuerpo y su lenguaje no verbal.

Así que, en tu próxima presentación, si vas a hablar de algo triste, deja que tu cara y tu cuerpo se contagien de ese sentimiento melancólico. Permite que tus actos emanen tristeza, con movimientos pausados, los ojos caídos, manteniendo un ritmo lento y desanimado.

Por otro lado, si hablas de un tema enérgico, alegre, deja que tus brazos se muevan libres, que tu sonrisa ilumine tu cara y que tu cuerpo recorra el escenario más rápido, con más fuerza y vigor.

Tengo que reconocerte que acabo de hacer un truco contigo, una pequeña estrategia comunicativa para despertarte una emoción concreta. Quizá el primer párrafo te ha evocado un sentimiento de tristeza, mientras que el segundo te ha hecho sentir una sensación de mayor alegría. Es posible que hasta hayas leído el primero con más lentitud que el segundo. Es la técnica de las «palabras emocionales».

La técnica de las palabras emocionales

Las palabras tienen sentimientos, crean mapas mentales y generan emociones en la audiencia que te escucha. Y no solo afectan a los oyentes, sino que también influyen en el estado interno del orador. Esto mismo es lo que defiende un estudio científico de la Universidad de Pittsburgh, al señalar una correlación directa entre el vocabulario que usamos, las emociones que vivimos y nuestro bienestar personal.

Esta investigación demuestra que las personas que utilizan más cantidad de términos negativos cuando hablan se correlacionan con una mayor angustia psicológica y una peor salud física. Y a la inversa ocurre con las personas que se expresan con palabras más positivas.

> **El lenguaje que utilizamos es la forma en la que vemos el mundo.**

Esa es la explicación por la que, en los párrafos de más arriba, leíste el primero con más tristeza, porque utilicé términos como contagiar, pausado, lento, desanimado... Mientras que en el siguiente párrafo te generé un sentimiento positivo al colocar expresiones como alegría, energía, libertad o sonrisa. Como puedes ver, las palabras tienen una marcada carga emocional y es sencillo saber qué sentimiento transmiten en base a la imagen que crean en nuestra mente. Es simple sentido común.

Por tanto, es fundamental elegir las palabras de forma acertada. No solo para generar la emoción adecuada en nuestra audiencia, sino también por evocarlas en nosotros mismos y prepararnos para una intervención de éxito.

Aquí tengo que señalarte un error que se suele cometer al principio de una intervención y que te aleja de tener una exposición perfecta, es un fallo que es probable que hayas cometido sin darte cuenta. Ocurre que, por intentar romper el hielo o por simple nerviosismo, cuando se sale a hablar en público a veces se suele comenzar con expresiones como «Estoy muy nervioso», «Disculpadme si no lo hago bien» o similares. Esto es un terrible error. Es lo que llamo «la autozancadilla».

La autozancadilla supone colocar un impedimento delante de ti y de toda tu audiencia. Al señalar algo negativo antes de comenzar tu intervención, estás activando al público para que se fije en si cometes fallos, además de prepararte a ti mismo para cometerlos. Tu audiencia se pone en alerta y tú te predispones a cometer errores. Evita usar esos términos nocivos a toda costa.

Recuerda que las palabras pueden evocar fuertes emociones, tanto en uno mismo como en tu audiencia. Si inicias una presentación con términos negativos, generarás sentimientos negativos en tus oyentes, algo que los aleja de tu persuasión e influencia. Lo denomino autozancadilla porque es como tropezarte contigo mismo, sin necesidad. Es crucial evitar este error común.

Para continuar con este capítulo sobre las emociones, es importante dejar claro que estas no se imponen a la audiencia. Ese es un error típico que veo en gente que se inicia en la oratoria y busca conmover a sus oyentes sin generar el ambiente necesario para que esto ocurra. Y a raíz de esto, voy a hablarte de la llamada «técnica del volcán».

La técnica del volcán

Esta técnica la ideé en mi viaje a Ecuador, cuando caminaba por la ladera del enorme volcán Cotopaxi.

La última vez que este imponente monte entró en erupción, lanzó rocas gigantescas con tanta fuerza que acabaron dispersadas a varios kilómetros de distancia de su punto original. Estaba delante de una de esas piedras, que pesaría varias toneladas, preguntándome cómo era posible que una fuerza de la naturaleza hubiese sido capaz de lanzarla tan lejos, cuando caí en la cuenta de cómo había ocurrido todo. Lo importante no era la explosión en sí misma, sino toda la presión previa generada para que esta ocurra. El estallido del volcán es solo la consecuencia de toda la acumulación de gases, tierra y magma que van creciendo hasta colapsar.

Las emociones actúan igual que estos volcanes violentos. Que la audiencia se conmueva o exalte con tus palabras solo es la culminación de un proceso previo de acumulación. Para lograrlo, guía a tu audiencia por un recorrido que la lleve desde la indiferencia hasta el entusiasmo más intenso.

Y esta técnica, como casi todos los métodos de este libro, se aplica a todo tipo de públicos. Cuando estés ante una audiencia, sea lo numerosa que sea, trata de hacer crecer poco a poco esa emoción que tienes contenida dentro de ti. No llegues y expongas tus sentimientos sin filtros, puesto que podrías caer con facilidad en ese «patetismo» que se expuso antes. En lugar de eso, ve generando esa atmosfera de tensión, creando una presión progresiva que se resuelva en la explosión emocional de tus oyentes.

Se emociona poco a poco. Creando el ambiente idóneo para la audiencia.

Para concluir este apartado, debo reconocer que gestionar las emociones al hablar en público es complejo. Por un lado, te he aconsejado expresar tus sentimientos de manera que impregnen todo tu ser mientras que, por otro lado, también te he indicado que debes hacerlo con mesura para evitar caer en un exceso que pueda provocar el rechazo de la audiencia. Así que como último consejo utilizaré lo que señalaba Aristóteles al decir que la virtud radica en el equilibrio, y esto se aplica también a las emociones. Encontrar la armonía entre pasión y seriedad es clave para conmover al público a la vez que transmites tus emociones de manera convincente y razonable.

Si bien este equilibrio perfecto no se aprende solo en los libros, sino que se logra con práctica y aprendizaje constante, lo que sí puedo revelarte ahora es una de las técnicas más útiles para que emociones a tu audiencia. Esta estrategia ha sido utilizada casi desde el inicio de la humanidad y sigue estando presente hoy en día en campañas publicitarias, libros *best sellers* e incluso en nuestras conversaciones diarias.

Es la técnica de contar historias.

Cuéntamelo otra vez, mamá

Mira, voy a contarte lo que me pasó una vez...
Hay pocas cosas que enganchen más a una persona que esa frase. Ante esa expresión (o cualquier otra similar) se abre un abanico enorme de posibilidades, de difíciles problemas, de héroes contra villanos, de crecimiento personal y de victorias imposibles. Se abre el mundo de las historias.

Si hay algo que nos diferencia del resto de los animales del planeta es la capacidad de crear relatos. Desde que los primeros homínidos aprendieron a controlar el fuego y se sentaron a su alrededor para asar la comida, comenzaron a brotar historias de caza, de religión o de fantasía. Y, en consecuencia, empezó a generarse una unión grupal en torno a esas narraciones. Esa primitiva hoguera ha sido sustituida por las redes sociales, los medios de comunicación, las conferencias y las presentaciones. Pero sigue teniendo el mismo poder de seducción. En este apartado vas a aprender a cómo crear una historia para conectar con tu audiencia y convencerla.

Los mitos dan sentido a nuestra propia existencia y enseñan la forma en la que debemos comportarnos dentro de la sociedad. Desde la valentía del Zorro, la precaución de Caperucita, el esfuerzo de la hormiga contra la cigarra o las consecuencias de la pereza para la liebre cuando se durmió en la carrera frente a la tortuga. Todos esos relatos nos muestran los valores aceptados socialmente y qué conducta es la que debemos seguir para lograr nuestros objetivos individuales. Todo a través de cuentos, narraciones y leyendas.

Lo que une a un pueblo, a una familia o incluso a una empresa es su historia compartida, su narrativa común. Hoy en día, las multinacionales invierten sumas millonarias en crear relatos que reflejen sus valores, tradiciones y objetivos. Puede que te preguntes por qué dedican tanto esfuerzo y recursos económicos a esta tarea. La respuesta es sencilla: porque convence.

Las historias unen y persuaden.

Recuerda que la persuasión se asienta en la credibilidad, los argumentos y las emociones (*ethos, logos* y *pathos*). Esos tres elementos se encuentran incluidos dentro de los relatos, más aún si la historia es verídica y la cuenta el propio protagonista. Por eso, el primer paso que debes hacer es encontrar la historia que tienes que contar.

Antes de que pienses que no ha ocurrido nada interesante en tu vida sobre lo que hacer un relato, debes entender que no es necesario vencer a un dragón o perder un zapato de cristal para tener algo que relatar. Seguro que has vivido cientos de momentos que son dignos de ser contados, solo tienes que aprender a estructurarlos y conectarlos con tu exposición.

Por aclararlo, definimos el término «relato» como una herramienta comunicativa que sigue una estructura específica, donde los acontecimientos ocurren en secuencia para terminar en una conclusión. Ese final debe aportar una verdad, un nuevo sentido que el público desconocía antes de escuchar la historia.

La estructura que debe seguir cualquier relato que se precie es la siguiente:

1) Presentación del personaje. Debe situarse al protagonista en un lugar y momento concreto. La audiencia tiene que ser capaz de imaginárselo.
2) Aparición del problema. Se le aparece un reto, una dificultad que le obliga a salir de la zona de confort y luchar por solucionarlo. Quizá incluso un villano (un jefe déspota, un compañero egocéntrico, un examigo envidioso...).
3) Búsqueda de la solución y superación. Esta es la fase del trabajo y el sudor. El protagonista se esfuerza por conseguir sus objetivos.
4) Crecimiento personal. Llega el fin esperado, el lugar deseado. Aquí es cuando todo cobra sentido y se extrae la enseñanza por todo el esfuerzo realizado.

Estos cuatro sencillos pasos desarrollan la inmensa mayoría de las historias contadas, desde las bíblicas hasta las futurísticas, desde las comerciales hasta los cuentos que oíamos de niños. Aunque aquí se presenta de forma muy resumida, a esta estructura básica se la conoce como «el viaje del héroe» y tiene la fuerza de conectar con cualquier audiencia.

Cuando Martin Luther King pronunció su famoso discurso «I Have a Dream» en Washington, en agosto de 1963, le explicó al mundo la historia de su sueño, ese anhelo de igualdad entre las razas desde una costa hasta la otra. Lo mismo hizo Steve Jobs en su discurso de junio de 2005 en la Universidad de Stanford, en el que contó tres historias de su vida para dar tres consejos a los alumnos recién graduados. Y podríamos seguir así con cientos de discursos más, tanto de empresarios, activistas, políticos como de sencillas personas corrientes.

Todo el mundo tiene una historia que contar.

La técnica del *storytelling* no solo te servirá para cuando hagas presentaciones y discursos, también para construir tu marca personal o empresarial es muy importante que busques la historia detrás de tu logo y tus productos. Por ponerte un ejemplo, en España hay una marca de ropa llamada Ecoalf que ha sabido utilizar esta técnica para conectar con su audiencia. Fundada en 2009, desde el principio dejó claro que no era una simple empresa de moda, sino un proyecto para demostrar que es posible crear ropa de buena calidad utilizando materiales reciclados. Por ello, se esfuerzan en relatar cómo transforman residuos en ropa, reciclando redes de pesca y botellas de plástico. Esto genera una imagen de sostenibilidad, convirtiendo a los clientes en parte de su lucha al comprar sus productos. Como ves, esto provoca una conexión emocional a través de su historia; te hace partícipe de su misión.

Algo similar hacen otras empresas de ropa como Patagonia, Natura o la marca Lush Cosmetics, que lucha para que los productos cosméticos no sean testados en animales. Estos son algunos de los cientos de ejemplos de *storytelling* que utilizan las compañías de hoy en día para diferenciarse en el mercado.

Ese es el poder de contar historias. No te dicen el mensaje final, sino que te cuentan el proceso para llegar a ese objetivo, llevándote como un niño a través de su relato para que sientas que eres parte de él. Igual que cuando eras pequeño te imaginabas luchando contra dragones, montando unicornios o viviendo en castillos encantados, ahora te proyectas reciclando con tu ropa, disfrutando al conducir o destapando la felicidad al beber un simple refresco. Te conviertes en el protagonista y eso es persuasión.

Para finalizar este capítulo, voy a hacer algo que hasta hoy no he contado casi nunca en público. Voy a decirte el motivo que me hizo dedicarme a la oratoria.

Soy hijo de un abogado y desde pequeño mi padre me transmitió su pasión por las leyes. Con la intención de seguir sus pasos, decidí matricularme en la carrera de Derecho en la Universidad de Alicante. Mi futuro parecía asegurado porque aprendería los entresijos de las leyes en su despacho y, con el tiempo, iríamos compartiendo la cartera de clientes. Sin embargo, durante el segundo año de la carrera, me di cuenta de que esa no era la vida que yo quería. El

Derecho no me llenaba y no tenía la misma dedicación que veía en mi padre.

Me encontré completamente perdido. Había visualizado mi futuro como abogado y, de repente, estaba sin un objetivo claro. Fue una sensación abrumadora, difícil de describir, como si me asfixiara al no tener un horizonte definido hacia el que dirigir mis pasos. No le deseo a nadie sentirse así. Entonces, medio resignado a seguir una carrera que no me apasionaba, decidí inscribirme en uno de tantos cursos que se ofrecen en la universidad, con la esperanza de encontrar una nueva dirección. Siempre he pensado que los cambios vienen por uno mismo, así que debía seguir buscando. El curso eran unas sencillas ponencias de protocolo y oratoria, pero me cambiaron la vida por completo.

Me encantó todo lo que me explicaron sobre comunicación: la formación de argumentos sólidos, la importancia de las emociones, los grandes oradores clásicos y cómo las palabras son capaces de mover al mundo entero. Salí tan maravillado que dediqué todos mis recursos a buscar formaciones de oratoria por toda España. Viajaba incontables horas a Valencia, Madrid y donde fuese necesario para recibir cursos de comunicación, compaginándolos a la vez con la carrera de Derecho. Así comencé mi formación hasta que, un buen día, cuando tenía veinticuatro años, surgió la oportunidad de impartir clases de oratoria en un importante colegio de mi localidad, el Colegio Internacional Lope de Vega. Allí estuve varios años trabajando y perfeccionando todo lo que había aprendido, mientras comencé poco a poco a expandirme a empresas, portavoces y hasta partidos políticos.

Desde entonces, he tenido el privilegio de impartir conferencias por toda España y en varios países de Hispanoamérica. Logré finalizar mis estudios y colegiarme como abogado, pero mi verdadera pasión reside en la comunicación, a la que me dedico por completo. Estoy seguro de que todavía estoy al principio de mi camino, pero no podría estar más feliz de haber decidido dedicarme a lo que realmente me apasiona.

Si analizas esta pequeña historia, contiene los cuatro elementos necesarios para tener un *storytelling* efectivo y persuasivo:

1) Presentación del personaje: el joven Juan Vizuete (yo) lleno de ilusión por seguir los pasos de su padre se apunta a la carrera de Derecho.
2) Aparición del problema: descubro que no tengo pasión por esa profesión y me siento perdido en la vida. No sé dónde dirigir mis pasos.
3) Búsqueda de solución y superación: tropiezo con el mundo de la comunicación y me esfuerzo por ser un experto en la materia.
4) Crecimiento personal: logro dedicarme a lo que en realidad me apasiona y encuentro un nuevo sentido a mi trayectoria profesional.

Estoy convencido de que tu vida está llena de historias similares. No importa si eres profesor, albañil, inversor en bolsa o un experto en termodinámica; lo crucial es darle la estructura adecuada a tu relato para que logre conectar con tu audiencia. Una vez que la tengas bien estructurada, incorpórala a tu presentación o conversación para hacerla más persuasiva.

Ahora bien, para que la historia sea completa, es importante que tenga un objetivo o moraleja final. En mi caso, la enseñanza es que la vida cambia cuando menos te lo esperas, lo importante es no quedarse quieto sin buscar nuevas oportunidades. Después, cuando encuentras esa pasión, dedícale todo tu tiempo y esfuerzo en seguirla.

Cuando elabores la historia, es también fundamental que sigas un hilo, no añadas elementos innecesarios porque terminaría aburriendo a los oyentes. Cuenta todo lo que sea imprescindible, nada más. En mi historia podría haberte narrado que mi familia me apoyó siempre en ese camino que decidí, también podría haber detallado los cientos de cursos y formaciones a los que asistí, así como las difíciles pruebas que tuve que superar para dedicarme a este sector. Pero todo eso, aunque importante, no era fundamental para lo que quería transmitirte.

Elimina todo lo irrelevante de tu historia

Es posible que mi historia te haya llegado porque alguna vez has estado perdido o porque esperaban de ti algo para lo que no estabas hecho o sencillamente perdiste la pasión en un tema que pensabas que llenaría tu vida. Fíjate en la enorme cantidad de personas a quienes esta historia les podría servir para no rendirse y seguir buscando un objetivo, aun cuando todo parece que se ha caído por la borda.

Ese es el poder de las historias. Te podría haber explicado la importancia de no desfallecer, de no quedarse en un lugar que no te corresponde y que, con esfuerzo, las metas se terminan logrando. Pero en lugar de decírtelo así, de forma aséptica y sin alma, te lo he contado a través de mi historia.

Lo mágico de esta técnica es que lo puedes aplicar casi todos los días y en casi todas las situaciones. Como ya has visto, se utiliza en presentaciones, discursos, empresas..., pero también puedes implementarlo en tu currículum al buscar trabajo, en la reunión donde vas a explicar los resultados de tus horas de esfuerzo o en la próxima comida familiar cuando todos se queden embobados escuchando cómo superaste el último reto.

Ahora te toca a ti.
Busca tu historia.
Conecta con tu audiencia.
Convence.

6
El método IREA

Llegamos a este capítulo final del libro y tengo clara la pregunta que te estarás haciendo ahora mismo:

¿Cómo aplicar todos estos conocimientos?

Es normal que consideres el hablar con seguridad una tarea titánica: a la vez que mides bien tus mensajes, debes saber colocar tu *framing* mientras consigues emocionar a tu audiencia a través de tu relato. Y todo ello controlando al mismo tiempo la respiración, el tono de la voz y por dónde vas moviéndote en el escenario. Parece imposible hacer todo eso a la vez sin perder la naturalidad.

Conducir también parecía imposible la primera vez que te subiste a un coche en la autoescuela. Recuerda que veías inviable el fijarte en los retrovisores mientras cambiabas las marchas, siempre con los pies listos para frenar y sin perder de vista los obstáculos que podían aparecer delante. Esa tarea que aparentaba ser imposible ahora se ha convertido en una acción tan cotidiana como lavarte los dientes o prepararte un café por la mañana. La realizas sin pensar.

Esto lo has logrado por la práctica. Ese es el primer consejo que debo darte en este capítulo, debes practicar siempre que puedas para ir mejorando tu capacidad de comunicar y convencer.

Solo la práctica te enseñará a ser un gran comunicador

Busca cualquier excusa para presentarte ante una audiencia a exponer lo que piensas. En muchas formaciones privadas, a las personas que les costaba empezar a comunicar, les he recomendado que simplemente conversen más en su grupo de amigos. Que encuentren esa oportunidad mientras estén tomando un café o una cerveza para que, con el tiempo, se vayan abriendo a situaciones más complejas y difíciles.

Además de este consejo, he desarrollado un método que te servirá para todas tus intervenciones futuras. Lo he creado tras años de estudio y trabajo tanto con políticos, empresarios, trabajadores, como con opositores a puestos del Estado. Lo mejor de este método es que en él se contienen todos los elementos que se han desarrollado durante las páginas de este libro. Se llama el Método IREA y consta de 4 pasos:

Impacto.
Relato.
Enganche.
Acción.

Impacto

En otras páginas hemos hablado de la importancia de la primera impresión y del conocido Efecto Halo para generar esa conexión inicial con tu audiencia. A modo de recordatorio, trata siempre de presentarte con la ropa adecuada y con un aspecto bien aseado. Ese primer impacto es único y va a marcar el resto de tu intervención, sea una entrevista de trabajo o la primera cena con los padres de tu pareja. Además de esto, lo que se va a exponer aquí es la importancia de conectar con tu público en los primeros minutos, más allá de la mera imagen personal.

Hay numerosos estudios donde queda demostrada la evolución de la atención en la audiencia durante una intervención. A esto se le conoce como «curva de atención» y está muy relacionada con el efecto de primacía y recencia, desarrollado en capítulos anteriores. Funciona de la siguiente manera:

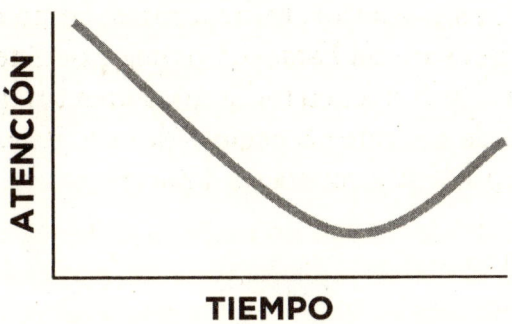

Aquí se observa que, cuando da comienzo una conversación, una charla o una ponencia, la atención de la audiencia tiende a ser más elevada ya que el público está expectante ante la información que va a recibir. Esto es algo natural, pues los oyentes están descansados y con ganas de escuchar los nuevos conceptos que se les van a presentar. El problema en la mayoría de los ponentes es que suelen utilizar esta atención inicial de forma equivocada, lo que supone una terrible pérdida de oportunidad.

Este es un error que no dejo de corregir en cientos de políticos y empresarios con los que trabajo. Cuando se disponen a comenzar una charla o discurso, dedican los minutos iniciales a dar las gracias a los presentes, a las autoridades, a los patrocinadores y hasta a su abuelita que está sentada en la sala. En lugar de generar una conexión con la audiencia o sorprender con un impacto inesperado, malgastan esa atención inicial en agradecimientos superfluos, perdiendo una oportunidad dorada para colocar su mensaje.

En lugar de cometer este error, es importante que comiences con algo que impacte a los presentes, que irrumpa en sus mentes y les haga saltar de sus asientos. No pierdas el tiempo con presentaciones, deja eso para luego, empieza con una frase que te sirva de gancho para el resto de tu intervención.

Los romanos, que de hablar en público y persuadir sabían bastante, tenían un nombre específico para ese momento inicial de toda intervención en público: exordio —*exordium* en latín—, cuya finalidad es conseguir que el oyente sea «benévolo, atento y receptivo» con el orador, según las palabras de Quintiliano de Calahorra, el gran maestro de oratoria en tiempos de Roma.

Uno de los discursos que cumple a la perfección con ese impacto inicial es el pronunciado por Franklin D. Roosevelt, en diciembre de 1941, tras el ataque a Pearl Harbor por parte de Japón:

> Ayer, 7 de diciembre de 1941 —una fecha que vivirá en la infamia— Estados Unidos de América fue atacado repentina y deliberadamente por fuerzas navales y aéreas del Imperio de Japón.

Sin rodeos ni eufemismos. En una sola frase deja clara toda su intención y genera un impacto con cada una de las palabras pronunciadas. Además, puedes observar que hay una buena cantidad de palabras con carga emocional: infamia, ataque, repentino, deliberado y fuerzas. Todo ello para generar una tensión y un estado de ánimo en la audiencia que se resolverá durante el discurso.

Ese es un ejemplo de exordio potente y eficaz, como también lo es el usado por Steve Jobs en 2007 al presentar por primera vez el iPhone al mundo:

> Este es el día que he estado esperando durante dos años y medio. De vez en cuando, aparece un producto revolucionario que lo cambia todo.

Este exordio, mucho más sencillo que el anterior por las diferencias del contexto y la distancia temporal, tiene también mucha fuerza e impacto sobre la audiencia. Genera esa expectativa durante el principio de su intervención para desvelar después el revolucionario iPhone que cambiaría por completo el mundo de las telecomunicaciones. De nuevo Jobs, igual que Roosevelt, hace uso de términos con contenido emocional: esperado, revolucionario, cambio.

Esta técnica no solo sirve para grandes discursos, puedes aplicarla en tus conversaciones diarias. Cuando llegues a casa y te pregunten qué tal ha ido tu jornada, en lugar de empezar contando detalles superfluos que no aportan valor, comienza diciendo: «No te vas a creer lo que me ha pasado en la carnicería». ZAS. Ya tienes toda la atención sobre ti.

Como has podido comprobar, la clave para crear exordios impactantes es ir al grano, generando un sobresalto en tu audiencia que produzca curiosidad para saber lo que viene a continuación. Comienza así tus intervenciones y tendrás asegurado la mitad del camino al éxito.

Aprovecha el principio para impactar, nunca para aburrir.

Relato

Ya has impactado al público, has logrado que todos los oyentes estén mirándote fijamente, esperando tus siguientes palabras. Tras este comienzo cautivador viene la parte central de la charla o conversación, lo que de forma clásica se denomina como *narratio* y *argumentatio*. En esta sección de tu intervención es importante que no cometas el mayor pecado que se puede consumar cuando hablamos ante los demás: aburrirlos.

Es muy común que, tras una presentación inicial impresionante, el nivel de fuerza e intencionalidad tienda a disminuir en los siguientes minutos. Es lógico, piensa que es casi imposible mantener en tensión a un público durante un largo período de tiempo, ni los mejores *speakers* pueden. Por pequeña que sea esta audiencia, poco a poco irá perdiendo atención, aunque sea por el simple desgaste mental de estar escuchando.

Imagina que llegas a una presentación en tu empresa donde debes exponer los últimos resultados que se han logrado desde tu equipo de trabajo. Comienzas:

«Buenos días, estos son posiblemente los resultados más sorprendentes que se han logrado en varios años en esta empresa».

Acabas de captar toda la atención de los presentes con ese exordio inicial. Pero, tras este inicio brillante, procedes a detallar los resultados financieros de manera excesivamente técnica. Comienzas a hablar de «amortizaciones lineales» y «flujos de caja descontados», utilizando gráficos densos y términos especializados sin explicar su relevancia o simplificar su comprensión. Entonces observas cómo la energía en la sala disminuye, los ojos se desvían hacia los teléfonos móviles y las miradas se pierden, llegando a desaparecer por completo esa conexión inicial que habías conseguido.

Este es un error muy típico que puedes evitar haciendo uso de una técnica que logra mantener ese interés durante más tiempo, provocando así que la curva de atención no sea tan pronunciada y se sostenga a lo largo de tu intervención. Es la técnica del sol.

Cuando prepares una intervención, trata siempre de que todas sus partes estén conectadas entre ellas, evitando que sean compartimentos estancos sin relación alguna. Para lograr este vínculo entre los conceptos de tu presentación, piensa en ella como si fuera un brillante sol. El centro es la idea principal, aquello que quieres transmitir para lograr convencer a tus oyentes. De ese punto central emanan rayos de luz en todas direcciones, esos son los temas, datos e ideas que soportan a tu idea principal.

Imagina que tienes una presentación en una conferencia sobre innovación tecnológica y tu idea principal es demostrar cómo la inteligencia artificial (tan de moda últimamente) puede transformar la industria del transporte. Ese es el «sol», el núcleo ardiente y luminoso de tu discurso. Desde este centro emanan varios «rayos» que iluminan y refuerzan tu idea principal:

— Rayo de impacto económico: hablas sobre estudios recientes que muestran cómo la inteligencia artificial puede reducir costos y aumentar la eficiencia en las operaciones de transporte.
— Rayo de mejoras en seguridad: presentas datos sobre cómo los sistemas de IA han disminuido los accidentes en pruebas piloto de vehículos autónomos.

— Rayo de sostenibilidad: expones cómo la IA contribuye a la reducción de emisiones de carbono mediante la optimización de rutas y la mejora en la gestión de flotas.

Cada uno de estos puntos apoya y realza tu argumento central, creando una intervención coherente y convincente que logra mantener la atención de la audiencia. Al conectar cada tema de forma significativa con la idea principal, aseguras que los oyentes no solo reciban una serie de datos aislados, sino una narrativa completa y motivadora. Esto es hacer un relato en tu intervención.

Además, para tu audiencia será mucho más sencillo seguir tu intervención, ya que sabrá cuál es ese elemento central y lo irás reforzando con cada elemento nuevo que introduzcas. Pero ese no es el único beneficio que tiene.

Es bastante habitual quedarse en blanco cuando hablas en público, por el motivo que sea. Al tener claro este esquema del sol, siempre podrás volver a la idea principal y reestructurar tu mensaje desde ese punto. Nadie habrá notado que te has quedado en blanco y siempre tendrás un «lugar seguro» al que regresar en caso de que te hayas perdido durante tu comunicación.

Utiliza la técnica del sol en tus intervenciones.

Enganche

Has logrado impactar a tu audiencia con un principio cautivador y estás relatando a la perfección tus argumentos, siempre con esa idea principal en el centro de toda tu conversación. Todo parece que marcha como debería, pero… algo extraño ocurre. Comienzas a ver que el público poco a poco se está desconectando de tus palabras.

Has llegado al conocido como «pozo del aburrimiento» de la curva de atención. Es la zona más central de tu intervención y, por mucho que la hayas preparado, el cansancio de tu audiencia termina por hacer mella resultando en una disminución progresiva de su atención.

He visto fallar a grandes comunicadores en ese delicado momento. Al no entender qué es lo que está ocurriendo con su audiencia, fuerzan el tono de la voz, hacen movimientos desesperados y terminan por acrecentar el problema en lugar de solucionarlo. En realidad, esta desconexión es algo habitual, solo debes aprender a combatirla cuando aparezca y para ello te presento varias técnicas.

Técnica del anzuelo de la pregunta

Una técnica indispensable en el arsenal de cualquier orador es la del «anzuelo de la pregunta». Esta estrategia consiste en lanzar preguntas interactivas al público, que han sido preparadas para ser provocativas o que requieran una reflexión instantánea. Una pregunta que utilicé una vez en una charla sobre comunicación y persuasión fue: «¿Quién de aquí cree que podría vivir sin su teléfono durante una semana?», y luego conecté las respuestas con la necesidad de comunicarnos y de estar conectados entre nosotros.

Este tipo de interrogantes vuelve a capturar la atención, además de generar un momento de introspección y debate interno, logrando que tu audiencia se sienta directamente involucrada en el tema que estás tratando. Funciona igual que un breve descanso de un par de minutos, consiguiendo producir un reinicio en la mente de los oyentes.

Es casi poético, pero los anzuelos tienen forma de interrogante, por eso a esta técnica la llamo del «anzuelo de la pregunta».

Técnica de la conexión del humor

Nunca subestimes el poder del humor. Utilizar anécdotas divertidas o comentarios oportunos funciona como una inyección de energía en la sala. Si se usa de forma adecuada, un comentario ingenioso aligera la atmósfera y hace que el mensaje sea más desenfadado.

Para aplicar esta técnica, busca una situación que te haya ocurrido y que, al contarla, logre conectar con los oyentes. Personalmente, utilizo anécdotas que me han sucedido durante algunas de las presentaciones que he hecho a lo largo de mi vida, desde errores que he cometido hasta lecciones que me han dado los asistentes de mis charlas. La regla para regular la cantidad de humor que puedes utilizar en tus intervenciones es bien sencilla: es mejor caer en gracia que ser gracioso.

Técnica del impacto visual

Por último, debe destacarse el poder de un buen impacto visual. Esta estrategia se centra en el uso de recursos visuales llamativos para mantener el interés de la audiencia. Cuando tengas una presentación importante, en lugar de cargar tus diapositivas con largos textos y números infernales, busca simplificarlo y colocar elementos visuales que destaquen. Esto no solo captura la atención visual, sino que también fortalece el mensaje emocional que estás intentando transmitir, permitiendo a la audiencia «ver» de forma real y directa el impacto de tus palabras.

Por ejemplo, si hablas del cambio climático, en lugar de exponer las cifras del aumento de la temperatura en los polos, muestra una imagen de cómo se ha ido derritiendo el hielo a lo largo de los años. Conviertes el dato en una imagen y eso convence.

Las imágenes clarifican el mensaje y conectan con la audiencia porque generan una explicación instantánea en su mente, por eso busca añadir elementos que impacten visualmente durante tus intervenciones.

Una imagen impactante sirve para dar fuerza a tus palabras.

A estas técnicas debes también incorporar todas las descritas con anterioridad en este libro, como el cambio de tono y ritmo de la voz, el uso del espacio en el escenario, y la fuerza de la mirada para conectar con tu audiencia. Todas ellas son esenciales para captar y mantener el recurso más valioso cuando te enfrentas a un público: su atención.

Estas estrategias están diseñadas para mantener la atención de tu audiencia a lo largo de toda tu intervención. Es fundamental recordar que, sin su atención, será imposible convencerlos; por lo tanto, es crucial mantener el interés tanto en cada palabra como en el mensaje global. Sin embargo, captar la atención es simplemente el medio, no el fin último de tu discurso.

El verdadero objetivo al hablar ante un público es motivarlos para entrar en acción.

Acción

Da igual que tu intervención sea espectacular, que tus argumentos estén perfectamente estructurados, tu *storytelling* resulte emocionante y tu voz sea melódica y atractiva. Todo eso no importa en absoluto si no consigues que tu audiencia actúe después de escuchar tus palabras.

Si tras el discurso de Franklin Delano Roosevelt, el Congreso no hubiese declarado la guerra a Japón, esa brillante intervención no habría servido de nada. De la misma forma, si nadie hubiese comprado el iPhone en su lanzamiento, las palabras de Steve Jobs tendrían una importancia igual a cero. Y así ocurre con todos los discursos, charlas, intervenciones y conversaciones, si no logran mover a la audiencia, carecen de sentido.

Imagina que tienes una intervención para explicar la importancia de aplicar políticas de reciclaje en tu empresa. Lo expones todo de manera perfecta, con ritmo y naturalidad, terminando con aplausos de los oyentes. Pero, con el tiempo, observas que no se ha realizado ningún cambio en la actuación de la empresa. Los trabajadores siguen sin reciclar, la empresa no ha puesto puntos de separación de residuos y continúan utilizando los contaminantes plásticos de un solo uso. Te puedo garantizar que tu intervención, por interesante que haya sido, resultó un completo fracaso.

Es por esto por lo que la parte más importante de un discurso se encuentra al final, ya que el punto de inflexión está en el cierre. Gracias al efecto de recencia, recordamos con mayor facilidad aquello que se escucha en la última parte de una experiencia o una conversación. Por tanto, un cierre fuerte y bien articulado no solo refuerza todos los puntos clave discutidos, sino que también resalta la llamada a la acción, invitando a la audiencia a tomar medidas concretas.

Debes asegurarte de que tu conclusión sea memorable, ya sea mediante una cita poderosa, una pregunta provocativa o una historia inspiradora que recoja el mensaje central de tu discurso. Esto garantiza que tu mensaje no solo sea escuchado, sino que también motive e inspire a la acción, dejando una impresión duradera en tu audiencia.

Para lograr este efecto final te presento la última técnica de este libro, la estrategia para finalizar todos tus discursos e intervenciones.

La técnica del grifo de agua

Si vas a cualquier grifo de tu casa verás que hay dos formas diferentes de cortar el paso del agua. Puedes cerrarlo de forma lenta y progresiva hasta que solo queda un fino hilo de agua que termina por desvanecerse. O, por otro lado, puedes girar la llave de inmediato, pasando de forma repentina y abrupta del flujo completo al cierre total.

El primer sistema es más pausado y relajado, mientras el otro es fuerte y enérgico. Ambas fórmulas son efectivas para finalizar tus discursos, y cada una tiene un resultado particular en tu audiencia.

Por un lado, el cierre lento genera un ambiente reflexivo, permitiendo a tus oyentes asimilar y meditar toda la información presentada. Este tipo de final es ideal para intervenciones que abordan temas complejos o emotivos, donde el objetivo es que la audiencia piense con profundidad, considerando las implicaciones de lo que se ha dicho.

Aplicarlo es tan sencillo como pasar del tono medio que has usado durante tu charla a uno más lento, pausado y con cierta gravedad en el tono de la voz. Vas cerrando ese flujo de palabras para dejar a la audiencia una idea final en su mente, que puedes incluso reforzar con una pregunta retórica.

Un gran ejemplo de cierre lo utilizó la actriz Emma Watson en la campaña *HeForShe* por la igualdad de las Naciones Unidas, en 2014. En ese discurso cierra de manera perfecta con dos preguntas retóricas a la vez que va bajando el ritmo y cadencia de sus palabras:

> Y pregúntate a ti mismo: «Si no soy yo, ¿quién? Si no es ahora, ¿cuándo?».

Por contraste, el cierre rápido es muy efectivo para energizar y motivar a la audiencia, instándola a actuar de manera inmediata. Esta forma de cerrar tiene un impacto decisivo en la audiencia, ya que utiliza una llamada a la acción para captar y retener la atención hasta el último segundo. Al optar por este tipo de cierre, dejarás a los oyentes con una sensación de urgencia y un impulso claro para tomar medidas inmediatas.

Aquí, al contrario que en el anterior, cambias del tono medio utilizado durante tu exposición a un tono rápido, enérgico y con la voz ascendiendo en velocidad y tono. De esa forma generas una tensión en el ambiente que suele terminar en un estruendo de aplausos.

Hay numerosos ejemplos de este tipo de cierres impactantes, como el famoso discurso de Martin Luther King «*I Have a Dream*», que culmina con el emocionante «por fin somos libres», arrancando los aplausos de miles de asistentes en el monumento a Washington. Otro ejemplo notable de un orador que domina este tipo de conclusiones emocionantes es Les Brown, uno de mis favoritos. En su conferencia «*It's Not Over Until You Win*», Les Brown ejecuta de manera impecable una conclusión acelerada, dinámica y llena de energía.

Ambos métodos de cierre, al igual que el ajuste de un grifo de agua, deben ser seleccionados de acuerdo con el contenido de tu intervención y los objetivos que buscas generar en tu público. Ya sabes que la audiencia es fundamental para elegir la forma de exponer tu contenido, así que debes tenerla en cuenta para elegir el tipo de conclusión que vas a utilizar.

Concluye tus discursos con la técnica del grifo de agua.

Recuerda que tu discurso, tu conversación o tu presentación busca generar un cambio, una acción en tu audiencia, ya sea que compren tu producto, que te asciendan en el trabajo o que tus amigos se decanten por cenar en tu restaurante favorito. Cuando te expones ante un público, sea del tamaño que sea, lo haces para convencer y persuadir. Ese debe ser el objetivo de cada intervención que hagas a partir de ahora en tu vida.

Hablas para influir.
Hablas para convencer.

Epílogo

Ahora que has leído este libro, lamento decirte que nunca volverás a ser la misma persona. A partir de ahora, sin darte cuenta, comenzarás a prestar más atención a cómo las personas se comunican contigo, analizarás los discursos políticos para detectar posibles manipulaciones mediante sesgos cognitivos y presentarás tus ideas de manera convincente y segura.

Ese es el verdadero poder de la comunicación influyente, la auténtica magia de la persuasión.

Si este libro te ha ayudado a comprender que convencer no es lo mismo que manipular y ha encendido en ti la chispa para seguir mejorando tus habilidades comunicativas, entonces mi objetivo está más que cumplido.

Considera este manual como el primer paso de un apasionante viaje. Úsalo como referencia cuando lo necesites, practica los ejercicios propuestos siempre que puedas y establece metas para mejorar tu comunicación en todos los aspectos de tu vida. Si alguna vez tienes dudas o deseas continuar tu formación, no dudes en contactarme. Estaré encantado de responder personalmente a tus mensajes.

Espero de todo corazón que hayas disfrutado leyendo estas páginas tanto como yo escribiéndolas.

Para concluir, permíteme ofrecerte mi último consejo:

Sea cual sea la situación en la que te encuentres, ten el valor de expresar tus ideas y pensamientos. Hazlo con sinceridad, fortaleza y determinación. Estoy seguro de que tienes grandes ideas y proyectos esperando a ser compartidos. Solo necesitas dar el paso para exponerlos y lograr convencer al mundo a través de tus palabras.

¡Influye y convence!

Ejercicios finales

Como ya he comentado, este libro no está escrito para que lo leas una sola vez, sino para que mejores de forma directa tu capacidad de comunicar e influir positivamente en las personas con las que hablas. Por ello, he preparado una serie de ejercicios enfocados a reforzar todos los temas que se han expuesto en las pasadas páginas.

Los siguientes ejercicios son en su mayoría sencillos y no necesitarás mucho tiempo para realizar cada uno de ellos, lo que sí requieren es una buena concentración para ser ejecutados de forma correcta. Mi consejo es que vayas haciéndolos poco a poco, de forma progresiva y durante varios días. Recuerda que la práctica constante es la única garantía de mejora, así que cuantas más veces los repitas, más rápido será tu progreso.

Ejercicios de postura y lenguaje corporal

Si haces memoria, en el capítulo 4 te hablé de la importancia de la postura corporal para dar el mensaje adecuado con tu cuerpo y demostrar seguridad a tu audiencia. Aquí van dos actividades para mejorar la posición de tu cuerpo cuando hablas en público.

Ejercicio de «alineación contra la pared»

Busca una pared plana y colócate de espaldas a ella. Asegúrate de que tus talones, gemelos, glúteos, hombros y cabeza estén tocando la pared. Debes estar todo lo pegado que puedas a la pared, pero sin hacer fuerza contra ella, no debe haber contracción muscular. Mantén esa posición durante un tiempo, mientras te concentras en realizar respiraciones profundas.

Puede ser un poco difícil mantener todos estos puntos en contacto si no estás acostumbrado, pero el objetivo es habituar al cuerpo a esta alineación erguida y firme.

Por último, tras un par de minutos, aléjate de la pared y trata de mantener esta postura recta mientras caminas o hablas. Este ejercicio te ayudará a desarrollar una mayor conciencia sobre tu cuerpo erguido y bien alineado.

Ejercicio de la «cabeza flotante»

Para realizar esta actividad, imagina que tienes un hilo en la parte superior de tu cabeza que te tira con suavidad hacia arriba. Actúa como si ese hilo estuviese tenso, elevando tu cabeza hacia arriba y elongando toda tu columna vertebral, para alinear así el cuello con tu columna. Es importante que sientas cómo se estira tu espalda, evitando inclinar la cabeza hacia adelante o hacia atrás. Es importante que no subas tus hombros, estos deben mantenerse relajados y sueltos.

Puedes hacer este ejercicio tanto de pie como sentado, ya que te servirá tanto para las intervenciones en las que estés ante un escenario como en una mesa de reuniones.

Practica este ejercicio varias veces al día, en especial antes de realizar una presentación o conferencia. Esto no solo mejorará tu postura, sino que también puede aumentar tu sensación de confianza al estar ocupando más espacio mientras hablas en público.

Ejercicio de los «ojos vendados»

Un gran problema que enfrentan las personas al hablar en público es que no son conscientes de los movimientos que realizan con su cuerpo. El cerebro está tan ocupado en el resto de los elementos de la intervención que es incapaz de pensar a la vez en el lenguaje corporal. Para solucionar esto, vas a realizar el ejercicio de los ojos vendados.

Véndate los ojos o ponte un antifaz de los que se usan para dormir. Ahora pasa a hacer una pequeña exposición de algún tema que conozcas, incluso puedes hablar de qué has hecho durante el día de hoy. Esto lo puedes hacer solo en tu habitación, grabándote con el teléfono, o puedes realizarlo delante de un pequeño grupo de amigos o familiares.

La clave es que, al privarte de la vista y de todos los estímulos visuales, te puedas centrar con mayor facilidad en los movimientos que realizas con el cuerpo, en especial en los que se escapan a tu control. Al tomar conciencia de tu cuerpo, será más sencillo corregir todos esos gestos innecesarios.

Ejercicios de voz y respiración

¡Nota importante! Detente si en algún momento notas cualquier molestia o tensión excesiva al hacer alguno de estos ejercicios. El aparato fonador es muy delicado y si lo fuerzas puedes llegar a dañarlo. Realiza estas actividades de forma relajada y, si en alguna sientes alguna sensación negativa, para de inmediato.

Ejercicio de «la voz del metrónomo»

Primero elige un texto corto, como un artículo de una revista, un discurso breve o incluso cualquier página de este libro. Asegúrate de que tenga unos pocos párrafos para poder realizar esta actividad al completo.

Ahora busca un metrónomo, si no tienes uno, hay cientos de aplicaciones y programas gratuitos en el móvil que cumplen la misma función. Debes colocarlo en un ritmo lento, unos 60 o 65 golpes por minuto.

Por último, lee el texto en voz alta, intentando pronunciar una palabra por cada golpe del metrónomo. Al hacer esto, te estarás obligando a desacelerar tu ritmo y a ser más consciente de cada palabra que pronuncias.

Una vez domines este ejercicio, puedes variar la velocidad del metrónomo, aumentando o, incluso, disminuyendo los golpes por minuto. De esta manera lograrás tomar conciencia del ritmo de la voz y aprenderás a jugar con él, pudiendo modular la velocidad en función del mensaje que quieras transmitir.

Ejercicio de «la montaña rusa de la voz»

En la parte final del capítulo 4 te expliqué la importancia de hacer una montaña rusa con la voz, en el sentido de ir cambiando el ritmo, el tono, la intensidad... Esta vez nos vamos a centrar solo en el tono.

De nuevo, busca un texto breve como el del ejercicio anterior. Ahora vas a leer cada frase diferenciándola entre tres tonos: agudo – medio – grave. Lee una frase en agudo, la siguiente en tono normal y la siguiente bajando tu tono al grave. Repite esto durante unas cuantas frases.

Un truco para realizar este ejercicio es el siguiente: para leer de forma adecuada en tono agudo, imagina que le hablas a un niño pequeño; y para hacerlo en tono grave, piensa que estás molesto con una persona y le estás regañando, pero sin gritar.

Ejercicio del «vaso y la pajita»

Seguro que has visto este ejercicio en el mundo del canto y del espectáculo, ya que es una técnica muy eficaz para mejorar la potencia pulmonar y el control del flujo de aire; ahora vamos a aplicarlo a la oratoria. Necesitarás un vaso lleno hasta la mitad con agua y una pajita.

Comienza por adoptar una posición con la espalda recta y relajada, ya sea de pie o sentado (esto es importante para no forzar la musculatura del cuello). Inhala aire por la nariz, usando la respiración diafragmática explicada en el capítulo 1. Coloca la pajita en tu boca, sumérgela en el agua y exhala despacio por la boca, soplando a través de la pajita para crear un flujo de burbujas en el vaso. Debes mantener ese flujo de manera constante y controlada, intentando prolongar la exhalación tanto como sea posible para maximizar el uso de tus pulmones.

Repite el ejercicio durante varios minutos, así lograrás aumentar gradualmente el tiempo que puedes mantener las burbujas fluyendo de forma constante, lo que a su vez fortalecerá tus pulmones y mejorará tu capacidad de proyectar la voz de manera sostenida y efectiva.

Recuerda que la voz no es más que aire activando el aparato fonador. Este ejercicio te ayuda a desarrollar la proyección a través de la respiración.

Ejercicio del «lápiz en la boca»

El ejercicio del lápiz en la boca es una técnica efectiva para mejorar la dicción y la claridad del habla, el problema es que se suele enseñar de forma equivocada.

Aquí voy a explicar cómo se realiza correctamente para mejorar la dicción y la pronunciación al hablar en público.

Para comenzar, coloca un lápiz de forma horizontal entre los dientes, comenzando primero con los incisivos. El lápiz debe quedar en la zona más externa de los dientes, a punto de caerse. Mantén el lápiz con suavidad y habla o lee un texto breve en voz alta, enfocándote en pronunciar con claridad a pesar del obstáculo. Esta posición inicial ayuda a trabajar los labios y la parte frontal de la boca.

Cuando hayas terminado, desplaza el lápiz para sostenerlo justo detrás de los caninos. Ahora notarás más tensión en la boca y una mayor resistencia en la musculatura facial. Repite la lectura en voz alta para fortalecer el centro de la boca y mejorar la movilidad de la lengua.

Por último, coloca el lápiz en los dientes premolares, sintiendo cómo se estira la comisura de los labios. Esta posición pone a prueba la capacidad de resistencia de tu lengua, ya que supone un obstáculo en su libertad de movimiento.

Practica cada posición varias veces, avanzando gradualmente de los incisivos a los premolares, pasando por los caninos. Este ejercicio no solo mejora la articulación de los sonidos y la claridad del habla, sino que también promueve una mayor conciencia y control sobre los músculos involucrados en la producción del habla.

Con la práctica regular, notarás una mejora significativa en tu capacidad para hablar con claridad y corrección, lo que es crucial para que tu mensaje se comprenda tanto en conversaciones diarias como en presentaciones públicas.

Ejercicios de mensaje

Ejercicio de «palabras encadenadas»

Siempre he sido una persona muy inquieta y de pequeño mis padres utilizaban este juego para entretenerme durante los viajes largos que hacíamos en coche. Lo que no sabía es que esta actividad me estaba preparando para hablar en público, ya que es excelente para mejorar el vocabulario y ganar agilidad mental. Es el ejercicio de las palabras encadenadas.

Para jugar, se necesitan al menos dos o tres personas. El juego comienza cuando una persona dice una palabra, y el siguiente jugador debe decir una nueva palabra que comience con la última sílaba de la palabra anterior. Por ejemplo:

PalaBRA.
BraZO.
ZoqueTE.
TeneDOR.

Este ejercicio se puede complicar obligando a contestar la siguiente palabra en un máximo de tres segundos, de lo contrario quedará descalificado. Esto logra generar un punto de tensión muy útil para gestionar los nervios cuando te enfrentas a una audiencia.

Ejercicio del «corte repentino»

Para realizar este ejercicio necesitarás al menos a una persona más. El procedimiento es sencillo: comienza exponiendo sobre un tema y, sin previo aviso, la otra persona dará una palmada. En ese instante, deberás cambiar de tema a uno completamente diferente y seguir con tu exposición sobre el nuevo tema.

La clave es que ese cambio se vea lo menos abrupto posible, que parezca una transición fluida y preparada. Esa es la verdadera complejidad de este ejercicio.

Esta actividad es fantástica para desarrollar tu capacidad de adaptación a la interrupción y agilidad mental, habilidades cruciales para manejar los imprevistos que pueden ocurrir durante tus presentaciones.

Ejercicio de «palabras de historia»

Este entrenamiento es excelente para perfeccionar tus habilidades de improvisación y desarrollar la capacidad de crear narraciones (*storytelling*) impactantes.

Empieza por buscar un libro, una revista o cualquier texto que tengas a mano. A continuación, selecciona al azar cuatro o cinco palabras de ese texto. Puedes hacerlo cerrando los ojos y apuntando con un dedo en la página; anota cada palabra seleccionada en una hoja aparte.

Una vez que tengas esas palabras anotadas, el ejercicio consiste en crear una historia, ya sea real o ficticia, que integre todos estos términos. El objetivo de esta actividad es utilizar las palabras de manera tan fluida y natural que, si alguien escuchara tu relato, no podría distinguir cuáles son las palabras preseleccionadas. Para comprobarlo, puedes exponer ante un amigo o familiar que te confirme si adivinó las palabras o no.

Esto te ayudará a mejorar la cohesión y la creatividad en tu manera de contar historias. Con este ejercicio has mejorado tu capacidad de *storyteller*.

Referencias bibliográficas por capítulos

Capítulo 1

Kraft, T. L. y Pressman, S. D. (2012). *Grin and Bear It: The Influence of Manipulated Facial Expression on the Stress Response.* Psychological Science, 23(11), 1372-1378.

Yerkes, R. M. y Dodson, J. D. (1908). *The Relation of Strength of Stimulus to Rapidity of Habit-formation.* J. Comp. Neurol. Psychol, 1908, 18:459-482.

Capítulo 2

Landry, M., Dornelles, A. C., Hayek, G. y Deichmann, R. E. (2013). «Patient Preferences for Doctor Attire: The White Coat's Place in the Medical Profession». *Ochsner Journal*, Fall, 13(3):334-42.

Maslow, A. H. (1943). «A Theory of Human Motivation». *Psychological Review*, 50(4).

Reis, H. T., Wilson, I. M., Monestere, C. y Bernstein, S. et al. (1990). «What Is Smiling Is Beautiful and Good». *European Journal of Social Psychology*, 20(3), 259-267.

WILLIS, J. y TODOROV, A. (2006). «First Impressions: Making Up Your Mind After a 100-Ms Exposure to a Face». *Psychological Science*, 17(7), 592-598.

Capítulo 3

NISBETT, R. E. y WILSON, T. D. (1977). *The Halo Effect: Evidence for Unconscious Alteration of Judgments*. Journal of Personality and Social Psychology, 35(4), 250-256.
SHERIF, M. et. al. (1961). *Intergroup Conflict and Cooperation, The Robbers Cave Experiment*. Norman: University of Oklahoma Book Exchange.
UNICEF. (2016). Vídeo. «¿Qué harías si vieras a una niña de 6 años sola?».

Capítulo 4

EKMAN, P. y FRIESEN, W. V. (1969). «The Repertoire or Nonverbal Behavior: Categories, Origins, Usage and Coding». *Semiotica*, 1, 49-98.

Capítulo 5

CAHILL, J. y McGaugh, L. (2005). «A Novel Demonstration of Enhanced Memory Associated with Emotional Arousal». *Consciousness and Cognition*, Volume 4, Issue 4, 410-421.
ZAJONC, R. B. (1980). «Feeling and Thinking: Preferences Need No Inferences». *American Psychologist*, 35(2), 151-175.

Bibliografía general

Esta no es una bibliografía cualquiera. En lugar de ofrecerte una extensa lista de lecturas y recursos que me han servido de apoyo para redactar este libro, te propongo una selección categorizada en tres niveles de profundidad para que puedas ir avanzando progresivamente en tu lectura: iniciación, avanzado y maestro.

De esta forma podrás ir ordenando tus próximas lecturas en función del nivel que vayas obteniendo con tu dedicación y formación.

Iniciación. Los esenciales para empezar tu camino.

BARÓ, Teresa. (2012). *La gran guía del lenguaje no verbal: cómo aplicarlo en nuestras relaciones para lograr el éxito y la felicidad*, Barcelona, Paidós.

CARNEGIE, Dale. (2023). *Cómo ganar amigos e influir sobre las personas*, Madrid, Elipse.

FERNÁNDEZ ORELLANA, Óscar. (2016). *Así persuaden los líderes: lo que debes saber para influir positivamente en las personas*, Barcelona, Libros de Cabecera.

HEINRICHS, Jay. (2018). *Gracias por discutir: lo que Aristóteles, Lincoln y los Simpson pueden enseñarte sobre el arte de la persuasión*, Barcelona, Empresa Activa.

Miralles, Fernando. (2022). *Descubre el arte de hablar en público*, Barcelona, Editorial Vanir.
Reche, Jordi. (2023). *Convence sin abrir la boca: claves del lenguaje no verbal para persuadir a cualquier audiencia*, Barcelona, Conecta.

Avanzado. Continúa creciendo con estos completos manuales.

Cialdini, Robert B. (2022). *Influencia. La psicología de la persuasión*, Madrid, HarperCollins.
Hernández, Alejandro. (2011). *Negociar es fácil, si sabe cómo: ¿cuánto dinero pierde por desconocer las técnicas de negociación?*, Independently Published.
Leith, Sam. (2012). *¿Me hablas a mí? La retórica, de Aristóteles a Obama*, Barcelona, Taurus.
Schopenhauer, A. (2011). *El arte de tener razón*, Madrid, Edaf.
Tzu, Sun. (2018). *El arte de la guerra*, Barcelona, Obelisco.
Weston, Anthony. (2021). *Las claves de la argumentación*, Barcelona, Ariel.

Profesional. Los libros para los más experimentados.

Arroyo, Luis. (2013). *El poder político en escena. Historia, estrategias y liturgias de la comunicación política*, Barcelona, RBA.
Briñol, Pablo, De la Corte, Luis y Becerra, Alberto. (2001). *Qué es persuasión,* Madrid, Biblioteca Nueva.
Cicerón. (2012). *El orador*, Madrid, Alianza.
Greene, Robert. (2012). *Las 48 leyes del poder*, Madrid, Espasa.

Kahneman, Daniel. (2013). *Pensar rápido, pensar despacio*, Barcelona, Debolsillo.
Rampin, Matteo. (2016). *Vender la moto. Trucos de la manipulación del lenguaje*, Madrid, Alianza.

Bonus bibliográfico. Sobre los clásicos griegos y romanos.

Aquí te podría referenciar los *Discursos* de Isócrates, las *Catilinarias* de Cicerón o las *Filípicas* de Demóstenes. Pero estoy convencido de que, si realmente he conseguido que te apasione el mundo de la comunicación y la persuasión, serás tú mismo quien busque los manuales de Aristóteles o el famoso *Institutio oratoria* de Quintiliano.

En esos clásicos encontrarás todo el saber, en bruto, que llega hasta nuestros días y te darás cuenta de cómo muchas estrategias actuales de influencia y *marketing* están basadas en los grandes clásicos. Son libros densos y en algunos casos complejos de leer, pero si realmente quieres convertirte en un experto de la persuasión, acabarás por devorarlos todos.

Expertos y formadores recomendados

Si hay algo que debes hacer para mejorar tu comunicación es seguir formándote sin descanso. Y para ello te quiero señalar varias cuentas muy interesantes de distintos expertos en esta materia. Algunos se centran en argumentación, otros en comunicación no verbal, también tienes algún especialista sobre la voz. Pero, sobre todo, todos son grandes profesionales con los que tengo el honor de compartir esta pasión por la comunicación.

Te recomiendo que los conozcas a todos.

Axel Esteban (faladicto). Una de las mejores cuentas de todo Instagram sobre argumentación, falacias y pensamiento crítico. La encontrarás con el nombre de @faladictos.

Francisco Montalvo. Un verdadero asesor en comunicación y *speaker* en numerosos eventos. Su cuenta de Instagram es @franciscomontalvor.

Jordi Gracia Puig. Periodista y un excelente formador en comunicación efectiva. Sus vídeos en su cuenta de Instagram (@jordigraciapuig) son maravillosas píldoras para hablar en público.

Jordi Reche. Gran experto en lenguaje no verbal. En sus redes sociales (@jordi.reche) descubrirás cómo cada gesto envía el mensaje que tus palabras ocultan.

José Fernández. Para saber cuándo te mienten, si le gustas a alguien o cualquier curiosidad sobre tus gestos, tienes que seguirle en su cuenta @soycriminologo.

Juan Manuel García López. Gran especialista en comunicación no verbal y director del Instituto Europeo de Ciencias del Comportamiento. Está en redes como @cienciasdelcomportamiento o @cienciascomportamiento.

Julio Somoano Rodríguez. Apasionado por su profesión, da consejos prácticos de comunicación en su cuenta de Instagram (@j_somoano), donde ofrece consejos sobre comunicación efectiva.

Natalia Bliss. Artista, profesora de canto y *coach* vocal. A Natalia la puedes localizar en Instagram como @bliss_natalia y en YouTube como @NataliaBliss2020.

Santiago Amador. Con él encontrarás grandes consejos para superar pruebas tan difíciles como una oposición o un máster. Lo puedes buscar como @santiago_amador_ruiz.

Sol Wagner. Una genuina *coach* vocal. Si quieres trucos eficaces para tener una voz más atractiva y persuasiva, tienes que ir a su cuenta de Instagram (@vocalcoaching.arg).

Teresa Baró. Una apasionada de la comunicación y una gran formadora en este sector. La puedes encontrar en Instagram como @teresabarocom y también en YouTube.

Además de estos maestros de la comunicación hay muchos más que no puedo referenciar por cuestiones de espacio. Me encantaría poder hablarte de mis amigos de Kairós Comunicación, de los artículos transgresores de Beers&Politics o de las geniales formaciones que dan en la Institución Educativa ALEPH, por eso te aconsejo que dediques tiempo a buscarlos y seguirlos.

El mundo de la comunicación y la persuasión es tan grande como interesante, siempre podrás aprender nuevas técnicas o conceptos esenciales de todos ellos.

AGRADECIMIENTOS FINALES

Hay mucha gente a la que debo agradecer que haya salido adelante este libro. Ante todo, a mi familia, a mis padres y mi hermano Luis, que me han apoyado siempre en este camino. A mi madre, por enseñarme a ver la vida con verdadera alegría, y a mi padre, por ser mi guía y el mejor amigo que he podido tener. Toda mi vida es gracias a vosotros. A mi tía Rosa, por sus consejos y conversaciones con las que siempre aprendo. También a todos mis primos y familia. Gracias.

A todos mis amigos que me soportan cuando me pongo en «modo profesor», a Víctor, Mat, Álex, Marco, Inma, Efi, Alberto, Jaume, Laura, Marina, la tripulación Alea Mare... Hay tantos a los que debo darles las gracias que es imposible mencionarlos a todos.

A todos los compañeros de la institución educativa ALEPH, que me permitieron dar clases en uno de los mejores másteres de comunicación política. A mi amigo Gabri, que me dio una oportunidad antes que nadie en este mundo de la formación. A Natalia y a todo el equipazo del CDUA.

A Adrián, por confiar en mí para un puesto de alta responsabilidad que me ha permitido crecer desde entonces. A Toni, por contar conmigo en su equipo, y a Paco, por coordinarlo todo. A todos los compañeros de la Diputación.

Al gran equipo de HarperCollins, que apostaron por mí casi sin conocerme y han sido unos excelentes profesionales. Gracias en especial a Olga y a Félix por todo su trabajo y dedicación.

Y a ti, querido lector, por leer este libro. Sin ti nada de esto tendría sentido. Así que gracias de todo corazón por ser parte también de este gran proyecto.